レンズが撮らえた 150年前の日本

山川出版社

目次

レンズが撮らえた 150年前の日本

カラー特集

錦帯橋（放送大学附属図書館蔵）

編集協力／有限会社リゲル社

写真で見る幕末・明治

人力車に乗る女性（個人蔵）
小川一真撮影・着色写真。明治 35 年（1902）頃の撮影。置屋「江戸屋」の玄関から芸妓の小むらが人力車に乗ってお座敷に出かけるところ。髪型はつぶし島田、くずした太鼓結びが粋である。（小川一真発行『東京百美人』より）

団扇を持つ女性（個人蔵）
撮影者不詳・着色絵はがき写真。明治後期の撮影。明治 37 年（1904）から明治 38 年前後に絵はがきブームが起こっている。写真技術と印刷製版技術の進歩によるものであった。

横浜ステーション（放送大学附属図書館蔵）
撮影者不詳。明治30年（1897）頃の撮影。吉田川（中川）の対岸から横浜駅（現桜木町）を捕えている。写真左奥の橋は錦橋。現在、吉田川は埋め立てられている。

人力車に乗った女性（個人蔵）
撮影者不詳・着色写真。明治期の撮影。明治３年（1870）、駕籠に代わって人力車が乗り物として普及しだした。当初、車輪は木製で、座席の後ろには折りたたみ式の覆いが付けられ雨や日差し避けとしていた。写真の車夫は蓑を着用、女性は傘を差している。雨降りを写場で再現している。

駕籠に乗った女性（個人蔵）
撮影者不詳・着色写真。幕末期の撮影。丁髷を結った2人の男性が、駕籠の女性を担いで運んでいる。この駕籠には引き戸などは付いていない。簡素な駕籠である。

さまざまな髪型（個人蔵）
撮影者不詳・着色写真。明治中期の撮影。いつの時代も女性は色々な髪型や着物の色、帯の種類などでおしゃれを楽しんだのである。それにしても現代よりも多くの髪型があったものだ。

後ろ姿（個人蔵）
日下部金兵衛撮影・着色写真。明治中期の撮影。３人の芸妓の太鼓帯の色彩が鮮やかで美しい。

日光東照宮唐門（国際日本文化研究センター蔵）
撮影者不詳・着色写真。撮影年代不詳。栃木県日光市にある徳川家康を祀る東照宮の唐門。江戸初期に建造された絢爛豪華な唐門は中国から輸入された木材を使用している。

芝増上寺有章院霊廟（港区立港郷土資料館蔵）
日下部金兵衛撮影・着色写真。明治期の撮影。徳川第７代将軍家継霊廟の入口上に掲げられている「有章院」の額は霊元法皇宸筆の勅額である。将軍家や大名家などの限られた人びとのみが入ることができた霊廟も明治 16 年（1883）に一般開放された。写真には女性や子供が写っていることから開放後に写されたものであろう。

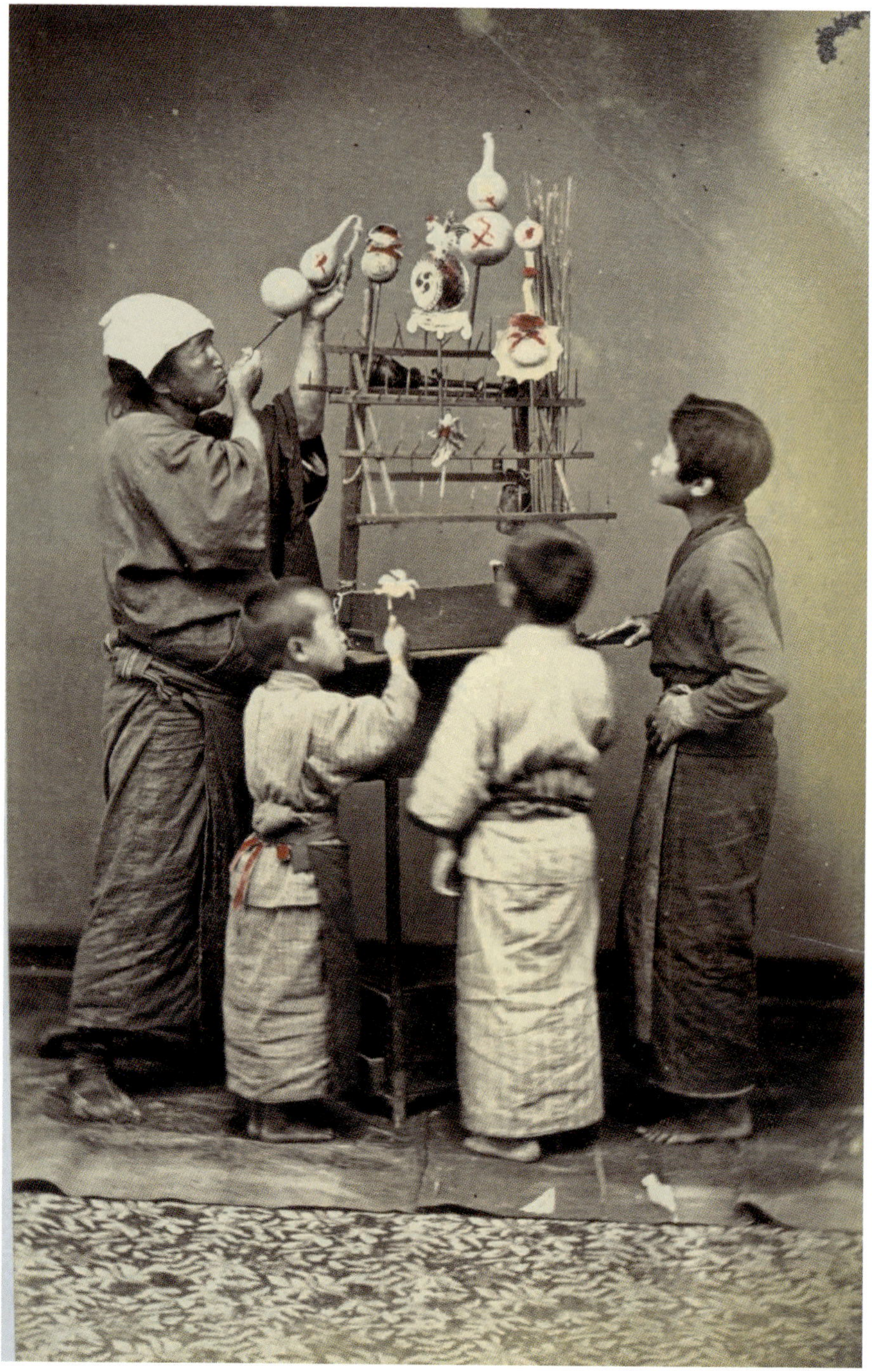

飴細工屋（長崎大学附属図書館蔵）
撮影者不詳・着色写真。明治中期の撮影。熱した砂糖を練って、子どもたちの気を引く飴で、動物や花などの造形物を作りながら町中を移動して売っていた。

西瓜売り（長崎大学附属図書館蔵）
スティルフリード撮影・着色写真。撮影年代不詳。丁髷を結った男が桶と籠に西瓜を入れて天秤棒を担いで行商をしている。前の桶には切った西瓜が積まれ、後ろの籠には丸のままの西瓜と果物を載せている。

Japón

IAR.

Bombéros japonéses. (Reproduccion fotográfica).

雲竜水（竜吐水）（放送大学附属図書館蔵）
撮影者不詳。明治初期の撮影。雲竜水は江戸時代に町火消などが使用したオランダ発祥の消火用具で、明治期後半頃まで使われていたが、消火能力はあまり無かった。明治４年（1871）に英国から輸入した雲竜水も似たようなものだったといわれる。

笊売り（放送大学附属図書館蔵）
撮影者・撮影年代不詳。明治初期には天秤棒に荷をくくりつけて行商していたが、明治中期頃には大八車に荷を積んだ大型店となっていた。

指物師（放送大学附属図書館蔵）
スティルフリード撮影。明治初期の撮影。指し物は、指し合わせ、組み合わせて作る木工器具の総称。机、椅子、箱などを作るのが指物師である。

野菜売り（長崎大学附属図書館蔵）
小川一真撮影・着色写真。撮影年代不詳。野菜の行商風景。籠や桶などに大根、蓮根、葱（ネギ）、玉葱、人参など、さまざまな野菜を入れて行商していた。

甘酒売り（長崎大学附属図書館蔵）
撮影者不詳・着色写真。明治中期の撮影。甘酒売りが、茶碗などが入っている箱と甘酒の入っている箱の２つの箱を天秤でかついで行商していた。写真は甘酒売りが釜のなかの甘酒をついで女性に手渡している。

大八車（放送大学附属図書館蔵）
撮影者不詳。明治初期の撮影。大八車は１人で８人分の荷を運べることからついた名で、江戸時代から昭和初期まで使われていた総木製の荷車の総称。車輪も木製のため、なめらかな動きではなかった。

絹織りをする女性（長崎大学附属図書館蔵）
日下部金兵衛撮影・着色写真。撮影年代不詳。江戸時代、中国から輸入の生糸が糸割符制度設置により制限されたため、次第に我が国生産の生糸が増加し重要な輸出品になっていった。写真では女性が絹織物を織っている。

下駄職人（長崎大学附属図書館蔵）
臼井秀三郎撮影・着色写真。撮影年代不詳。写場（スタジオ）での撮影だが、鉈（なた）、鉋（かんな）などの道具を入れた道具箱を背負って町中を廻りながら下駄の修理や歯替え、鼻緒替えなどをする職人を写している。

相撲（放送大学附属図書館蔵）
撮影者不詳・着色写真。明治初期の撮影。相撲は日本古来、五穀豊穣・無病息災を願って奉納された神事である。礼儀作法が非常に重要視され「相撲道を極める」ことが第一の目標とされた。

女性の肖像（長崎大学附属図書館蔵）
撮影年代不詳・着色写真。玉村康三郎アルバム所収。

女性の横顔（長崎大学附属図書館蔵）
撮影年代不詳・着色写真。玉村康三郎アルバム所収。島田結の髪に、西陣織の帯を締めた女性の後ろ姿である。西洋人は日本女性の髪型や着物に興味があったことから、このような写真がよく撮られている。

煙管を吸う女（放送大学附属図書館蔵）

日下部金兵衛撮影・着色写真。明治期の撮影。「日下部」の名入りの法被を着ている。日下部金兵衛のスタジオで撮ったものであろう。金兵衛は明治初年にベアトの助手となって写真術を習得している。明治 14 年（1881）、横浜本町で写真館を開業。横浜写真の絶頂期を担った一人であり、残された写真も多い。

着物姿の外国人女性（放送大学附属図書館蔵）
スティルフリード撮影・着色写真。明治初期の撮影。髪は三つ編みに結い上げている。この時代の日本女性には見られない。また煙管を手に正座しているが、首にはペンダントが下げられている。

御高祖頭巾の女性（長崎大学附属図書館蔵）
玉村康三郎撮影・着色写真。撮影年代不詳。玉村康三郎アルバム所収。御高祖頭巾は女性の冬の防寒具で頭や顔の一部を包み込む被りもの。この写真のように口を包み込む場合もある。

頭巾を被った冬装束の女（国際日本文化研究センター蔵）
日下部金兵衛撮影・着色写真。撮影年代不詳。蛇目傘を差し、御高祖頭巾を被った女性。
冬支度をスタジオで表現している。

子守（放送大学附属図書館蔵）
撮影者不詳・着色写真。明治中期の撮影。農村の子守の風景。

子守（放送大学附属図書館蔵）
撮影者不詳・着色写真。明治中期の撮影。写場（スタジオ）で撮影されたもの。

蕎麦を食べる女性（個人蔵）

撮影者不詳･着色写真。撮影年代不詳。高く積み上げたセイロウ（蒸籠）に蕎麦がたっぷりと載っている。明治中期に流行った中国の明清楽（みんしんがく）を弾く月琴が柱に飾られている。

雛飾り（個人蔵）

撮影者不詳・着色写真。撮影年代不詳。花瓶には桃の花が生けられ節句の雛飾りのようであるが、上の写真と同じ秋の菊の花が描かれた掛け軸がかけられている。あまり考証しないスタジオ撮影であろうか。

台所風景（個人蔵）

撮影者不詳・着色写真。撮影年代不詳。下働きする女たち５人を配して、大店の裕福な台所風景をスタジオで演出しているようだ。左より団扇を持ち七輪の鍋担当、葱を切る担当、竈の火吹き担当、釜に米を入れる女、すり鉢で胡麻などをすっているのであろう女。多数の下女たちが働いている。

料理（放送大学附属図書館蔵）

撮影者不詳・着色写真。明治中期の撮影。スタジオに、竈、七輪、箱膳、鍋、壺、樽、笊などの台所道具や野菜、芋などを用意して台所を表現している。

昼寝（放送大学附属図書館蔵）
撮影者不詳・着色写真。明治中期撮影の写真。

お風呂（国際日本文化研究センター蔵）
撮影者不詳・着色写真。撮影年代未詳。スティルフリードの作品に同じような風呂場、女性３人という似た構図があることから、スティルフリードの撮影か。

入浴（放送大学附属図書館蔵）
撮影者不詳・着色写真。明治中期の撮影。

体を拭く娘（放送大学附属図書館蔵）
撮影者不詳・着色写真。明治中期の撮影。薬罐（やかん）から金盥（かなだらい）にお湯を取って手拭いを絞り、身体を拭いている。

鳥追女たち（長崎大学附属図書館蔵）
臼井秀三郎撮影・着色写真。撮影年代不詳。新年に編笠姿で三味線を弾きながら、鳥追歌を歌って家々を回り祝儀を得る女性を鳥追女と呼んだ。

150年前の日本のすべて

モノとしての初期写真

――幕末～明治中期に制作された写真の所蔵調査について――

三井圭司（東京都写真美術館学芸員）

本書に掲載されている幕末～明治中期に撮影された写真（以下、初期写真とする）も、携帯電話で撮影する写真も、光学像を定着させる「写真」である。初期写真は、写っている史学的内容が中心話題となりがちだが、写真史上の資料でもある。本小文は、多角的に初期写真を観る助力とするため、媒体としての写真に関する考察を行った後、初期写真の所蔵調査に関する報告を行いたい。

●写真のデジタル化と初期写真

平成二十五年（二〇一三）現在、日本国内で「写真を見る」とき、印画紙などの物質に一枚ずつ触れて行うことがどれだけあるだろう。コンピュータ、携帯電話、タブレット端末の画面。デジタルカメラが主流になり、フィルムで写真を制作し続けるのは、一部の好事家たちになったのが現在である。

デジタル化以前の写真は、ガラスなり印画紙なり、一点の画像が一枚の支持体に支えられている。そして、ほとんどの場合、撮影原板があれば、複数の写真の制作（焼増し）が可能である。だが、原板が失われると、印画紙を複写して再び原板を作成し、印画紙にプリントしなくてはならない。

写真が被写体すべての情報を焼き付けられな

松前崇広（松前町郷土資料館蔵）
撮影者不詳。慶応2年（1866）以前の撮影。幕末の松前藩主。北方強化の海防を重視して、安政元年（1854）砲台を備えた近代的な松前城（福山城）城を築城した。海陸惣奉行、陸海軍総裁を経て老中となる。本作は焼増ができないアングロタイプの方式で制作されている。

い以上、複写からのプリントは、元の写真に較べて情報が減少する。複写が「被写体を写した写真」を撮影している以上、被写体の情報は当然減少するのである。もちろん、本書に掲載されている画像も、厳密には写真そのものではない。つまり、ここにも複写行為が介在しているのである。しかしそれでも、本書を含む書籍に掲載される印刷写真は、それぞれのページ（紙）が物理的に写真を支えている。

これに対して、デジタル写真は、画像と支持体の関係が一対一の対応ではない場合が多い。確かにカメラで撮影された写真をインクジェット・プリンター等でプリントすれば、一点の画像が一枚の支持体を持ち得る。しかし、デジタル写真は、モニター画面で見られることの方が圧倒的に多い。携帯電話で撮影された写真はさらに傾向が顕著になり、データのまま保存され、送受信される。

また、SNSをはじめとするインターネット上へアップロードすることで画像を拡散し、不特定多数の人々が閲覧できる状況をつくることができるのもデジタル写真の特徴である。つまり、デジタル写真は、画像一点に対して複数の支持体が存在し、その支持体は複数の画像を表示する（支える）構造である。また、もはや焼増しという概念は存在せず、「データのコピー」となった。これにより無限に複製が可能になったと共に、コピーでデータが劣化することはない。ただし、閲覧速度を重視するなどのため、あらかじめデータを小さくする（情報量を少なくする）ことができる。共有される画像の場合、ほとんどがすでに劣化したデータであることも少なくない・デジタル写真では劣化のコントロールが可能なのである。

　このように写真のデジタル化は、単に化学変化によって画像を映じる銀塩写真から、電子素子によって画像を記録するデジタル方式に変わったことに留まらず、写真そのものの享受の仕方や有り様まで変貌させたのである。

　デジタル化以前の技術では、複写を重ねることによって画像は劣化し続ける。また、画像を支える印画紙が物である以上、画像外の枠や裏面が存在する。ここに文字や重要な情報が添付されている場合も多い。複写は画像のみに注目し、情報が割愛されることも少なくない。このようにして、写真から情報が削り落とされ続けた結果、画像は伝達されても、重要な情報が欠落する。近年発覚したような偽「おりょう」の肖像写真（坂本龍馬の妻の写真と理解されていたものが、本当は新橋芸者の「お辰」だった）のように、歴史認識そのものにもゆがみを生じさせてしまうことが起こり得るのである。

　初期写真とは、単に幕末～明治中期に撮影された写真の「画像」のみを示すのではなく、その画像を支える支持体（印画紙）も含めて、オリジナルである物を指す。このような「原典」となる写真がどれほど現存しているかを調査するのが初期写真の所蔵調査であり、写っているものを大切にするためにも情報量の多い原典の存在を明確にすることが重要なのである。

●初期写真の所蔵調査

　筆者は、東京都写真美術館学芸員として、平成十八年（二〇〇六）から同二十四年（二〇一二）

野々村忠実（東京都写真美術館蔵）
チャールズ・ドフォレスト・フレデリクスの撮影。万延元年（1860）撮影。野々村忠実が万延元年に遣米使節団に随行した際、サンフランシスコで撮影した世界で最初の写真方式であり、焼増ができないダゲレオタイプ写真。

栄力丸船員いわぞう（岩蔵）（川崎市市民ミュージアム蔵）
ハーヴェイ・R・マークスの撮影。嘉永3〜4年（1850〜51）頃にサンフランシスコで撮影したダゲレオタイプの方式で制作された写真。嘉永3年10月29日、岩蔵ら乗組員17名の乗った大型船栄力丸は江戸から灘への回航途中、静岡沿岸で嵐に遭遇し、漂流してしまう。その後、栄力丸は52日間漂流。12月21日、アメリカ船に救助され、サンフランシスコに到着した。写真はその時に撮影された。

に日本全国の初期写真所蔵調査を行った。これは二年ごとに開催した展覧会の出展作品調査も兼ねており、四回に分けて実施した。つまり、地域を関東、中部・近畿・中国、四国・九州・沖縄、北海道・東北の四つに分類し、これらの地域ごとに調査を行い、見出された作例を展示することも目的のひとつだったのである。

もっとも重視したのは、先に述べた「原典」となり得る幕末〜明治中期の初期写真がどれほど日本国内に現存しているのかを明確にすることだった。

調査の方法は、まず公立私立を問わず公開施設を持つ機関を調べることから始めた。個人蔵も含めて調査を行うことも考えられたが、資料が移動する可能性や、調査終了の後に多くの人が資料へアクセスできるかという疑問から、割愛した。本調査は、本調査だけで終了するものではなく、所在が明らかになった初期写真を子細に分析できるように所蔵情報を開陳することも目的のひとつだったからである。初期写真を調査する未来の人々に対する先鞭として、本調査は位置付けられていた。次に、これらの施設

新聞に掲載された岩蔵
（川崎市市民ミュージアム蔵）
「イラストレイテッド・ニュース」という新聞に写真をもとに作られた版画が掲載された。紙面の中段右から２人目が岩蔵。同段左端が慎兵衛。

栄力丸船員しんぺい（慎兵衛）
（川崎市市民ミュージアム蔵）
ハーヴェイ・Ｒ・マークスの撮影。嘉永３～４年（1850～51）頃にサンフランシスコで撮影したダゲレオタイプ写真。撮影したマークスはメリーランド州ボルチモア出身の写真家。写真は岩蔵と同じ日の撮影か。

に初期写真の所蔵に関するアンケート調査を行い、この返答に基づいて実地の調査を行った。これらの数は以下の通りである。

アンケート送付数：全７９８７件
全返却数：２９６６件
所蔵回答数：３５８件
現地調査数：１４１件

現地調査は、所蔵ありの返答をいただいた半数以下に留まった。だが、事前に電話等で連絡を取った際にオリジナルではないことが判明した機関も含まれる。また、同一県で複数調査できなくても、所蔵が判明した機関の都道府県はほぼすべて調査を行っている。東京国立博物館等のように所蔵内容の刊行物が制作されている機関については、本調査の対象からは割愛した。

以下で本調査の内容および見出すことができた初期写真の作例について、その一端を紹介したい。

●関東地方

関東での調査は、アンケート送付総数１４２９件、うち回答が寄せられた件数５４０件、所

田中光儀（東京都写真美術館寄託）
ペリー艦隊に随行したエリファレット・ブラウン・ジュニアの撮影。安政元年（1854）に撮影したダゲレオタイプの方式で制作された写真。

蔵有りの回答が得られた件数は111件だった。首都を含むエリアということもあり、美術館、博物館における収蔵も多い。

川崎市民ミュージアムに収蔵されている「栄力丸船員　いわぞう」は嘉永三年（一八五〇）～同四年（一八五一）頃にサンフランシスコの洋上で撮影されたダゲレオタイプであり、非常に重要な作例だ。ダゲレオタイプは天保十年（一八三九）八月十九日にフランスで発表された世界で最初の写真方式である。この方式は、銀の板に直接画像を定着させる方式で、焼増しができない。つまり、一点しかない写真である。また、この作例は、ペリー艦隊が日本を訪れる以前に作成されており、日本人を撮影した写真で、現在わかっている最古の写真である。

ペリー艦隊が日本を二度目に訪れた安政二年（一八五五）に制作された写真も、日本大学芸術学部で保管されている「黒川嘉兵衛像」や東京都写真美術館寄託の「田中光儀像」、横浜美術館収蔵の「遠藤又左衛門と従者」が関東にある。この三点はすべて国指定重要文化財に指定されている。

黒川嘉兵衛（日本大学芸術学部寄託蔵））
エリファレット・ブラウン・ジュニアの撮影。安政元年（1854）に撮影したダゲレオタイプで制作された写真。『ペリー遠征記』にはこの写真を基に制作された石版が掲載されている。

フランク・チースメン像
（紙の博物館蔵））
フェリーチェ・ベアトの撮影。明治７年（1874）頃撮影。

また、東京都王子にある紙の博物館では、フェリーチェ・ベアトの台紙に貼付された「フランク・チースメン像」が収蔵されている。像主であるチースメンは、製紙技師として日本に招聘された人物で、訪日時期から撮影時期は明治七年（一八七四）年頃だと考えられる。この時期、フェリーチェ・ベアトはグランドホテルのオーナーのひとりであるなど、投資家として華やかな時期だった。このため、本作は、この時期にフェリーチェ・ベアトが肖像写真制作を行っていたことを示す重要な作例ということができる。

また、関東における調査で、大学図書館や大学博物館に多くの初期写真が収蔵されていることが判明した。学習院大学史料館は『写真集明治の記憶　学習院大学所蔵写真』（吉川弘文館、２００６年）を発行するほど初期写真資料が潤沢である。また、青山学院大学の資料センターには、明治中期に制作された宣教師を中心とする肖像写真が膨大に収蔵されており、日本の初期肖像写真を考察する上で重要なコレクションである。

長澤与四郎肖像
（長澤家蔵・伊豆の国市韮山郷土史料館寄託）
撮影者不詳。万延元年（1860）頃撮影。アンブロタイプの方式で制作されており、「鈴木長吉像」のケースと縁飾りが酷似している。

松浦武四郎肖像（松浦武四郎記念館蔵）
撮影者不詳。明治期の撮影。伊勢郷士の子。嘉永元年（1848）、武四郎は老中阿部正弘に「海防策」を提出する。明治に入り、開拓判官となった武四郎は蝦夷地が北海道に改称されて最初の地図「北海道国郡図」を作成した。

●中部・近畿・中国地方

次の調査は、中部・近畿・中国地方という比較的広範囲で実施した。アンケート送付総数１９９０件、うち回答が寄せられた件数８４８件、所蔵有りの回答が得られた件数は59件だった。この中で、静岡県の韮山にある伊豆の国韮山郷土史料館が収蔵する「長澤与四郎肖像写真」は、興味深いアンブロタイプの写真である。

アンブロタイプは焼増しができない写真方式で安政元年（一八五四）に公表された、いわばダゲレオタイプの発展版あるいは廉価版といった性格の写真方式である。日本に写真技術が輸入された万延元年（一八六〇）前半で最も主流だった方式のひとつであり、むしろ、この方式の作例が多く存在していることが、日本の初期写真の特徴ということができる。

像主である長澤与四郎の没年は文久元年（一八六一）であると伝えられており、渡航の記録もない。しかし、この写真が収められているケースは、ダゲレオタイプから連なるアメリカの様式を踏襲している。これは、日本を訪れ

鈴木長吉像（三澤晨子氏蔵）

ウィルヤム・シューの撮影。万延元年（1860）撮影。アンブロタイプの方式で制作された写真。伊豆国賀茂郡河津村生まれ。安政元年（1854）、ロシア軍艦ディアナ号が下田停泊中に大津波で沈没。この時ロシア人を帰国させるための船「ヘダ号」が建造された。その際、長吉は船匠として参加。万延元年の遣米使節団に大工頭として随行する。

た外国人がこの様式を用いて制作したか、渡航した日本人がこれを持ち帰って使用したかの可能性が高い。なお、韮山には幕臣である江川家があり、万延元年に遣米使節団のひとりとして渡米した中浜万次郎（ジョン・万次郎）はこの臣下である。彼は寄港地のサンフランシスコで写真機材一式を求め、日本に持ち帰ると共に江川家を訪れる諸侯を撮影したという記録がある。これらを根拠に「長澤与四郎肖像写真」を中浜万次郎の撮影とするのは早計かも知れないが、今後調査が深められるべき作例である。

また、下田開国博物館には、まさに遣米使節団が訪れたサンフランシスコで撮影された「鈴木長吉像」が寄託されている。興味深いことに、前述の「長澤与四郎肖像写真」と本作は、収められているケースが酷似しているのである。

三重県松阪市には、蝦夷地を探検して北海道の名付け親としても知られる松浦武四郎の記念館がある。ここには松浦武四郎によって記述された『下田日誌』文書群があり、『巡豆日記』という安政元年の下田でのペリー艦隊の動向に関わる文書を含んでいる。ここにはペリー艦

松平春嶽（福井市立郷土歴史博物館蔵）
撮影者不詳。明治期の撮影。第16代福井藩主。文久２年（1862）、幕府の政事総裁職に就任するも翌年辞任。新政府では議定に任命されたほか、内国事務総督や民部卿兼大蔵卿などを歴任した。

坂本龍馬（高知県立歴史民俗資料館蔵）
上野彦馬の撮影。慶応２～３年（1866～67）撮影。アンブロタイプの可能性があるものの、濃度が高いため鶏卵紙に焼きつけるる原板としても用いることができる。

隊に随伴した写真師エリファレット・ブラウン・ジュニアが下田の大安寺で撮影を行ったことや、使用されたカメラのスケッチが記載されている。なお、松浦武四郎関係資料も歴史資料として重要文化財に指定されている。

そして、福井市立郷土歴史博物館が収蔵する松平春嶽に関わる初期写真コレクションもきわめて重要である。日本で最初の営業写真師である鵜飼玉川のアンブロタイプも貴重であるし、明治五年（一八七二）および同六年に内田九一によって制作された明治天皇の肖像および皇后の肖像が宮内省から直接下賜された様式のまま保管されたいる点においても重要である。また、日本に三台のみ発見されている堆錦のカメラのひとつも収蔵されている。

●四国・九州・沖縄地方

三回目の調査は、四国・九州・沖縄を対象に行い、アンケート送付総数２１８４件、うち回答が寄せられた件数６９６件、所蔵有りの回答が得られた件数は71件だった。高知の高知県立歴史民俗資料館は、多くのアンブロタイプの作

題不詳（松平豊子像）
（東京都写真美術館蔵）
明治初年撮影。右の写真と同じくアンブロタイプ。撮影者不詳であったが、山内家写場で制作された可能性が高いことがわかった。

題不詳（少女像）
（土佐山内家宝物資料館蔵）
明治初年撮影。アンブロタイプの方式で制作された写真。山内家写場で撮影されたと考えられる。

例を収蔵しており、特に「坂本龍馬像」のオリジナルを有している点は重要である。

また、土佐山内家宝物資料館での調査は、思わぬ出会いに遭遇したものだった。「（少女像）」は、上野彦馬の弟子で「坂本龍馬像」の撮影にも関わりを持つ井上俊三が指導した山内家写場で制作されたと考えられるアンブロタイプである。しかし、筆者はこの写真とほぼ同じものに記憶があった。東京都写真美術館が収蔵する「松平豊子像」である。東京に戻って、調査記録と照らし合わせたところ、明らかに同じ人物を捉えたものであると共に、ほぼ同じ時に制作された写真であることが比較によって明らかになった。つまり、高知では像主が判っておらず、東京では撮影者が不明だったそれぞれの写真の謎が、一気に解きほぐされたのである。

長崎大学附属図書館は、多くの初期写真資料を収蔵しており、なかでもライデン大学旧蔵のアルバム三冊は出色である。駐日オランダ領事であるアルフォンス・ボードウィンとポンペ・メーデル・フォールトの後任として招聘された兄のアントニウス・ボードウィンらによって編

第二機関車弁慶号試運転（北海道立文書館蔵）
佐久間範造の撮影。明治 13 年（1880）撮影。鶏卵紙。小樽の入船町付近に架けられた陸橋を渡る試運転の汽車を撮影した。陸橋はレール以外はすべて木製である。

纂されたこれらのアルバムは、フェリーチェ・ベアトから購入したと考えられる多くの写真を含んでおり、写真史上重要であるのみでなく、トーマス・グラバーの邸宅の様子を含む当時の訪日外国人たちの生活を知る意味でも貴重な資料となっている。

また、長崎歴史文化博物館は、日本の初期写真師で最も重要な人物である上野彦馬の作例が膨大に収蔵されている。また、内田九一による署名が残るアルバムも収蔵されている点でもこのコレクションは重要である。

●北海道・東北地方

最後の調査地域である北海道・東北は、平成二十二年（二〇一〇）にアンケート調査を行い、同二十四年までに調査を行った。アンケート送付総数２３８４件、うち回答が寄せられた件数８８２件、所蔵有りの回答が得られた件数は１１７件だった。

北海道は函館という写真発祥地を有すると共に、開拓使による近代都市の建築や道路の開鑿や架橋など記録写真が制作された地域である。

新橋駅（函館市中央図書館蔵）
内田九一の撮影。明治5年（1872）撮影。鶏卵紙。

リチャード・ユースデン夫人（函館市中央図書館蔵）
武林盛一の撮影。明治初年撮影。

女性像（函館市中央図書館蔵）
田本研造の撮影。明治初年撮影。左は台紙裏。

これらは、北海道立文書館、北海道立図書館や函館市中央図書館等に収蔵されている。北海道で開業した初期の写真師である田本研造の作例をはじめ、この弟子の佐久間範造や武林盛一、北海道庁に招聘されて写真撮影を行ったライムント・フォン・スティルフリードによる作例などが含まれている。

また、函館市中央図書館が収蔵する「徳川幕府脱走兵之士」（112ページ参照）は、撮影者を完全に田本研造とすることが難しいものの、箱館戦争へ参戦した旧幕軍の将官や幕府による招聘外国人兵士たちの集合写真で、このオリジナルの鶏卵紙が現存する点も重要である。同館が収蔵する「新橋駅」も名刺判（105mm×65mm）ながら、開業当時の新橋駅の様子を理解することができる貴重な資料であると共に、台紙の印刷から内田九一の制作であることがわかる点も重要である。

日本初の民間洋式牧場を記念して建設された青森県の斗南藩記念観光村三沢市先人記念館には牧場の記録写真のほか、旧斗南藩士の廣澤安任関連資料が収蔵されている。内田九一による

子女性三人像
（斗南藩記念観光村三沢市先人記念館蔵）
内田九一の撮影。明治初年の撮影。

「女性三人像」は像主が判らないものの、他の作例との台紙の比較から明治三年（一八七〇）頃のものであることがわかる作例である。

山形県は三島通庸の主導によって、近代化する県下の建築記録が菊池新学によって多く制作された。山形県立図書館や山形市郷土館（旧済生館）には、これら大判の鶏卵紙が収蔵されている。

題不詳　子どもの武将
（左写真）（後藤新平記念館蔵）
鈴木真一の撮影。明治中期撮影。上は「子どもの武将」写真の台紙裏。

岩手県奥州市の後藤新平記念館には、鈴木真一によって制作された多くの初期写真が収蔵されている。なかでも初代鈴木真一とその孫を撮影した「題不詳　子どもの武将」は美麗な彩色が施されており、写真家の力量を示すサンプルとして制作された印象を受ける。なぜこの作例が後藤家に渡ったかは、詳細な調査を待たなくてはならないが、明治期における所蔵者と写真師の関係も含めて興味深い作例である。

仙台文学館には、仙台で最初に開業した白崎民治が制作した小説家・押川春浪の肖像写真が収蔵されている。新潟県立近代美術館・万代島美術館には、昭和の著名な写真家である堺時雄関連資料が収蔵されており、このなかにその父

山形県済生館（山形市郷土館蔵） 菊池新学の撮影。明治 9 〜 13 年（1876 〜 80）頃撮影。

押川春浪（仙台文学館蔵）
白崎民治の撮影。明治21年（1888）撮影。
右は「押川春浪」写真の台紙裏。

で写真館を開業した金井《かない》彌一《やいち》関係資料が含まれる。金井が鈴木真一に師事していたことから、横山松三郎の自画像もここに含まれたと考えられる。興味深いのは、この写真に鈴木真一の台紙が使用されていることである。鈴木真一と横山松三郎はともに下岡蓮杖の弟子であるとはいえ、撮影者と異なる写真館でプリントされることが行われたことを示す資料として重要だ。

実際には7年以上をかけた調査、本調査のほんの一端としてご理解いただきたい。もちろん今回の調査を進めた後に、初期写真が収蔵された機関もあるだろう。

このような調査を継続的に行うことで、日本の初期写真に関する研究が少しずつ掘り下げられていくと筆者は信じている。日本国内にも多くの初期写真がまだまだ存在しているのである。写真の技術によって花開いた日本文化は実に豊かである。デジタルへ移行するという技術革新を経た21世紀だからこそ、その原点たる初期写真を調査、研究することで、この豊かな文化の地固めを行い、多様な実りを支え続ける必要があるだろう。

横山松三郎（新潟県立近代美術館・万代島美術館蔵）
鈴木真一の制作か。明治中期の撮影。

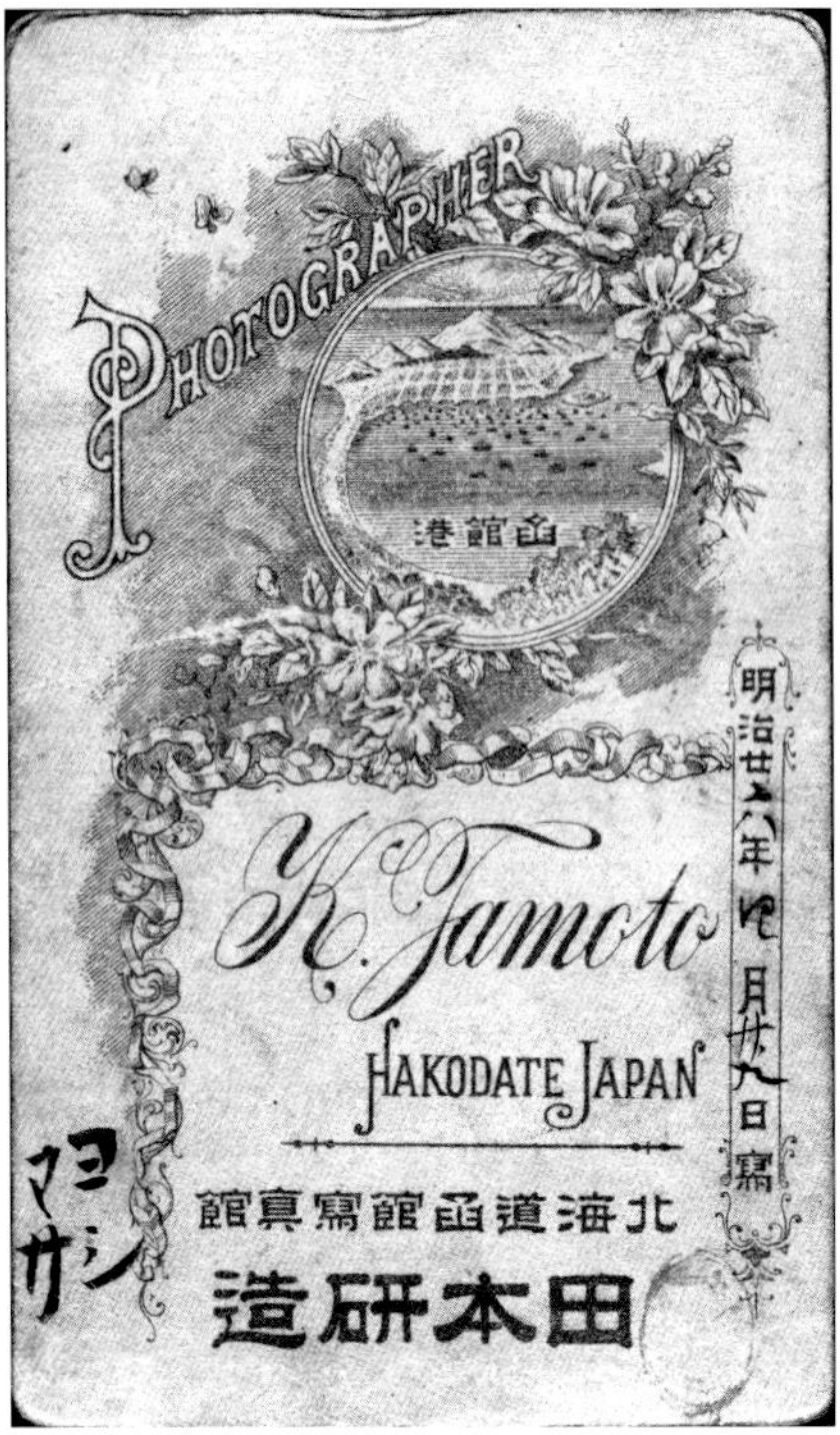
PHOTOGRAPHER
函館港
K. Tamoto
HAKODATE JAPAN
北海道函館寫真館
田本研造

K. Tamoto
北海道函館
田本製

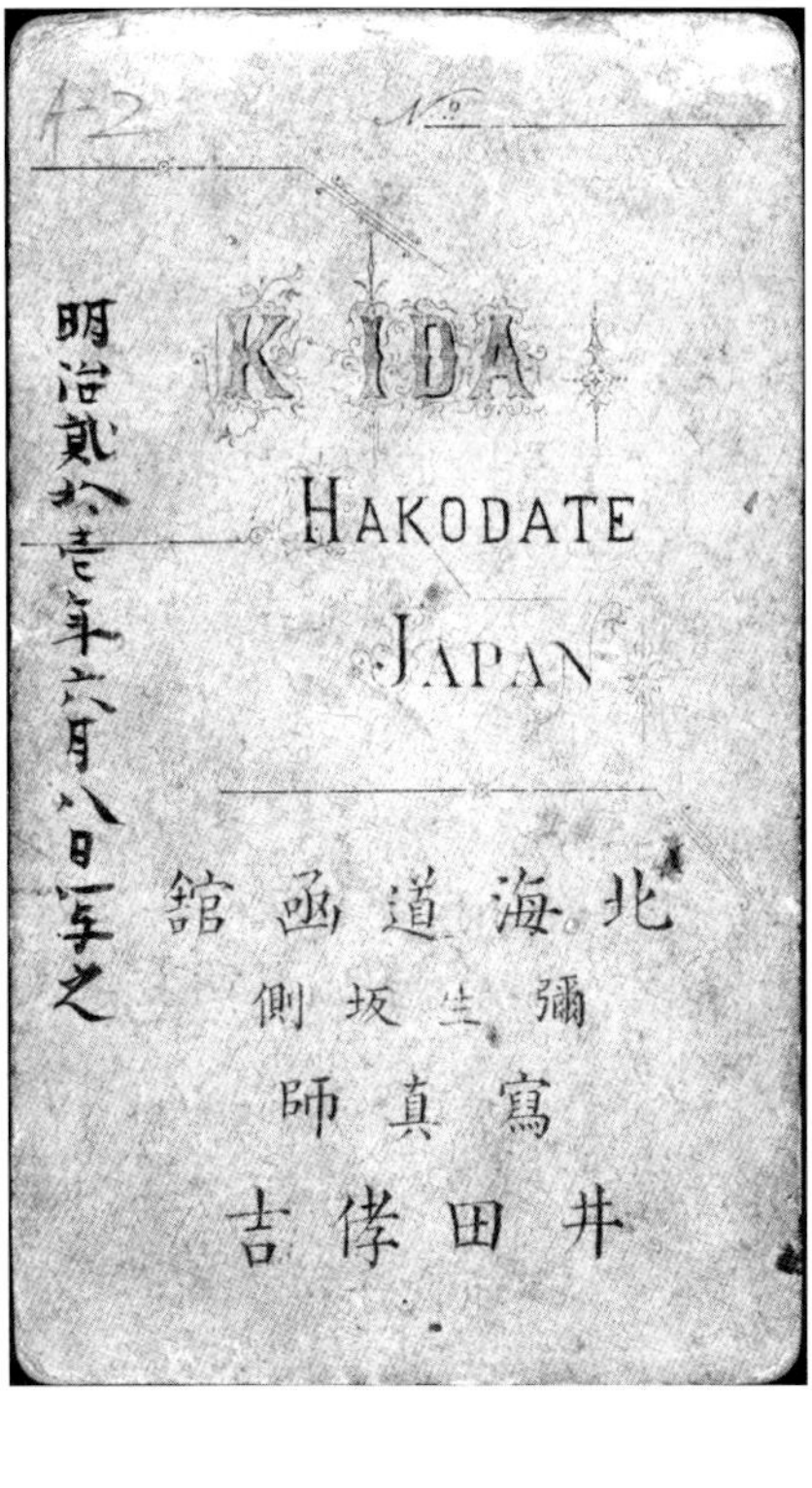
KIDA
HAKODATE
JAPAN
明治貳拾壱年六月八日寫之
北海道函館
彌生坂側
寫真師
井田侾吉

右上・ヨシ　マサ（函館市中央図書館蔵）
田本研造の撮影。明治 26 年（1893）撮影。
写真左は「ヨシ　マサ」写真の台紙裏。

右下・男性像（函館市中央図書館蔵）
井田孝吉の撮影。明治 21 年（1888）撮影。
写真左は「男性像」写真の台紙裏。

左上・阿部正功公（白河集古苑蔵）
内田九一の撮影。明治 3 年（1870）撮影。

左下・女性像（函館市中央図書館蔵）
田本研造の撮影。明治 28 年（1895）撮影。
左下は「女性像」写真の台紙裏。

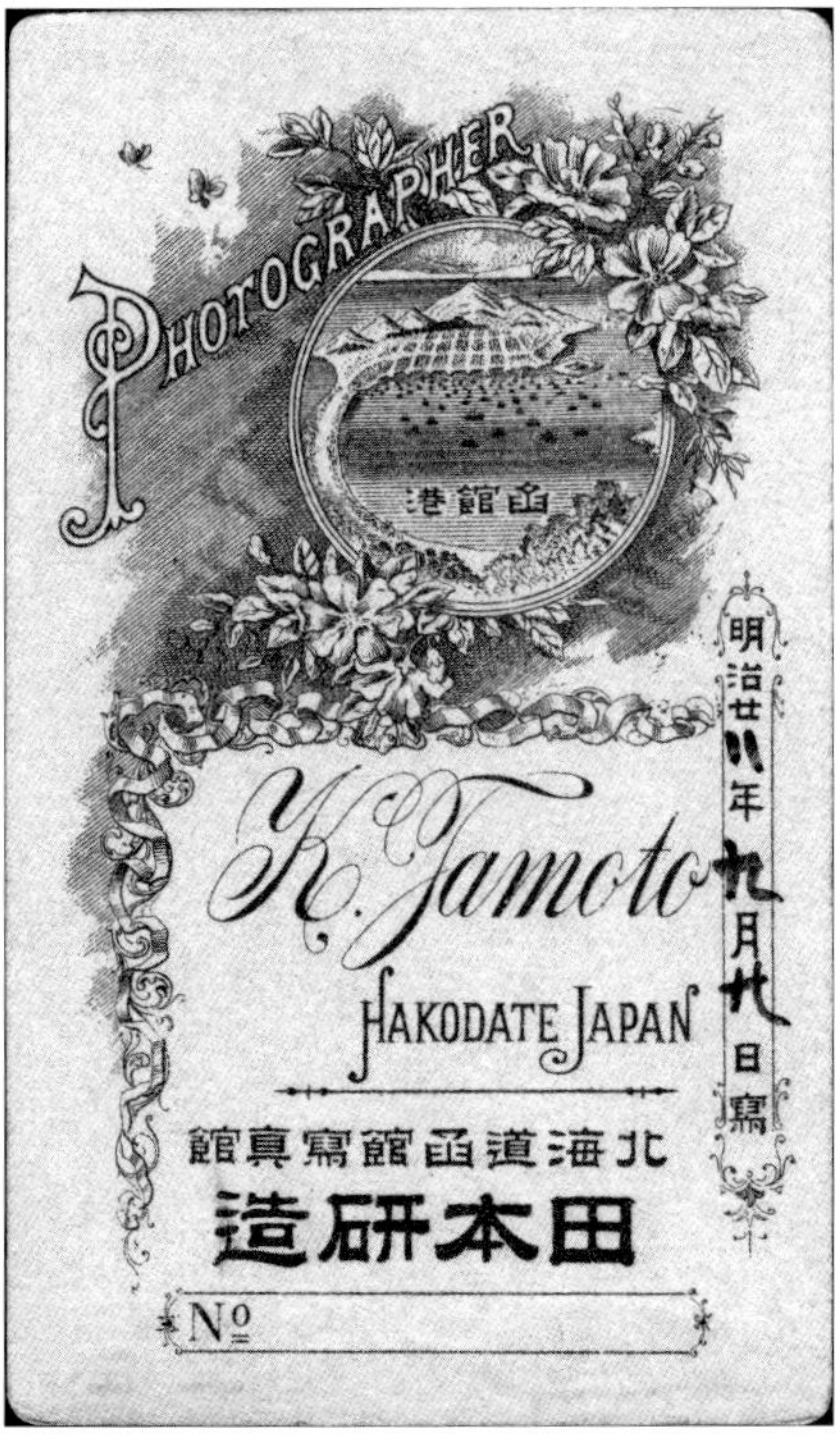

男性像（十日町市博物館蔵）
白崎民治の撮影。明治中期の撮影。左は「男性像」写真の台紙裏。

人力車に乗るニコライ二世（長崎歴史文化博物館蔵）
上野彦馬の撮影。明治24年（1891）撮影。「露国皇太子ニコライ殿下俥上の写真」の題名がある。

諫早眼鏡橋（長崎歴史文化博物館蔵）

上野彦馬の撮影。撮影年代不詳。ステレオ写真（下写真）。この橋は江戸時代末期の天保10年（1839）に架橋された石造二連アーチ橋である。諫早市高城町の本明川に架かっていた。

小樽色内町商店街
（北海道大学附属図書館北方資料室蔵）
佐久間範造の撮影。明治39年（1906）撮影。

日光ホテル
（北海道大学附属図書館北方資料室蔵）
撮影者不詳。明治14年（1881）撮影。

排雪車
（北海道大学附属図書館北方資料室蔵）
撮影者不詳。明治末期の撮影。

第一国立銀行
（北海道大学附属図書館北方資料室蔵）
撮影者不詳。明治10年（1877）代の撮影。

東京英語学校第1級同級生
（北海道大学附属図書館北方資料室蔵）
撮影者不詳。明治10年（1877）の撮影。

大阪四天王寺伽藍
（長崎大学附属図書館蔵）
日下部金兵衛の撮影。撮影年代未詳。

箱根宿（厚木市郷土資料館蔵）
F・ベアト撮影。撮影年代不詳。東海道の箱根宿の風景。お茶漬け屋の看板が両側の家の軒下の何軒も掲げられている。

海外に流出した日本の初期写真

セバスティアン・ドブソン（古写真研究家）

●再発見

つい最近まで、欧米の図書館や博物館での日本の初期写真に関わるコレクションは、系統だった収集方針の下《もと》で形成されてこなかった。しかしながら、無計画であったからこその幸運もあったといえる。

一八五九年（安政六）の横浜、長崎、函館の開港から明治末にかけての52年間の初期に制作された写真群が、海外へ持ち出されたことがわかっており、さらに幕末から明治初期に訪日した幾人かの外国人たちによって祖国へもたらされコレクションとなったものもある。

来日した最初の持主が亡くなると、これらの写真群は不幸な事件に遭遇することになる。戦災や災害や事故によって、これらの一部は確実に消滅した。また一部は、少なくとも一九九〇年代までは非常に廉価であったにも関わらず、書店あるいは骨董商に売却されたか、またはその準備のためにオークション・ハウスに置かれた。収納スペースに困らない裕福な状況が何世代も続いた家庭であった場合（しかし、その多くは現在でも世界中の屋根裏や地下室で、徐々に所有者の記憶から遠ざけられながらも横たわり続けている）、幸運な一部の写真群は、資料として地元の博物館や図書館で活用されている。

日本の初期写真が発見されるのを待って、諸機関や個人コレクションで眠っているということである。実際には30年ほど前から、このような状況にある写真群への調査が行われている。

日本の初期写真に関する体系的な調査が国外で行われたのは、おそらく一九八〇年代のオランダが嚆矢である。一九七四年、国立ライデン大学写真絵画博物館のヘルマン・ムンサルト氏は、同館の写真コレクションの調査を行った。一九八四年に日本とオランダに関する学会発足10周年を記念して展覧会を行うことを国立ライデン大学写真保存センターが決定したことで、日本の写真に関するムースハルト氏の研究は包括的なものとなった。この展覧会は、ムースハルト氏の広範な研究の過程で発見された官民双方のコレクションからなるものであり、一八七〇年（明治三）代以前に制作された日本の初期写真を基にして組み立てられた展示である。この展覧会は『よみがえる幕末』と題され朝日新聞社の主催で後藤和雄氏および松本逸也氏の助力によって一九八六年に日本で巡回した。その成果は、オランダに収蔵される日本の写真

『甦る幕末』の表紙と誌面（朝日新聞社刊）　1987年発行。

で構成された『甦る幕末』（朝日新聞社刊）として一九八七年に広く日本国内で刊行された。[1]

　ムースハルト氏によって個人コレクションから見出された最も重要な写真は、幕末・明治期の訪日外国人であるボードウィン兄弟によって一八六四年（元治元）から一八七〇年（明治三）に編纂された約８００点に及ぶ資料である。なお、この資料はその後二〇〇七年に、長崎大学に収蔵されることとなる。[2]

　これに限らず、眠っている写真群が小規模にではあるが、いくつかのコレクションのなかから発見された。この嚆矢は日本の研究者によってなされたといえるだろう。

　アメリカ北東部、セイラムのピーボディー博物館の３００点の写真が、大森貝塚の発見で有名なエドワード・シルベスタ・モースによって収集された資料として、大原哲夫氏、押切隆世氏によって位置付けられたのである。一九八三年に他のモースコレクションと共に公開されたこれらの写真は、5年後に「文化史上の〝事件〟」と少し誇張して一般の人々に説明されている。[3]

　フランスでも、パリの国立図書館（Bibliothèque nationale de France）がすでに著名であったヨーロッパの初期写真コレクションに加えて、日本の写真群についてもその存在を明らかにし始める。パリ地理学会が所蔵し、国立図書館に寄託されたフェリーチェ・ベアトとライムント・フォン・スティルフリードによって制作された多数の写真群が、地図部門で「発見」され、一九八四年にフランス海軍士官であり著述家のピエール・ロティの言葉と共に出版された。[4]

　一九九〇年十一月に同機関は、その膨大な写真のコレクションから70点の写真を選択し、日本の初期写真コレクションをヨーロッパで初の展覧会「OBJECTIF Cipango（めざすはジパング）」を開催し、展覧会図録を発行した。[5]　現在でも、パリの国立図書館のコレクションは、日本の初期写真における豊富な情報を研究者のために提供し続けており、より多くの発見が今後も行われる可能性を秘めている。

　一九九〇年代は、日本の出版社の進取の気性のおかげで、海外にあるコレクションが迅速に日本国内に報告され、ますます多くの発見をも

『百年前の日本』の表紙
（小学館刊）
セイラム・ピーボディー博物館所蔵のモース・コレクションの写真を収録している。1983 年発行。

ピエール・ロティとお菊（個人蔵）
ルイ・マリー・ジュリアン・ヴィオー（ピエール・ロティは筆名）は明治 18 年（1885）と同 33 年から 34 年の 2 度に渡り来日。第 1 次来日時は鹿鳴館のパーティに参加した。日本を題材とした小説に『お菊さん』がある。プッチーニの「マダム・バタフライ」（お蝶夫人）はロティの『お菊さん』を参考にしたといわれる。写真右の男がロティ。

たらすようになる。一九九六年は、特に重要な年である。ひとつはフランス、ひとつはアメリカで出自が明らかな二つの個人コレクションが見出されたからである。[6]前者は、明治政府に招聘されたフランス軍事顧問団陸軍士官ルイ・クレットマンによって一八七四年（明治七）から一八七八年の間に編纂された写真アルバムのコレクションが、孫のクレットマンのマルセイユの自宅で遺産を維持していたその孫のピエール氏の元から学者や研究者たちによって見出された。このコレクションは、横浜開港資料館で開催された明治初年末の日本の面影に主眼をおいた展覧会で展示された。

祖父の写真コレクションが注目されたことを喜んだピエール氏は生前にこの写真をパリ郊外にある高等教育機関コレージュ・ド・フランス日本学高等研究所（L' Institut des Hautes Études Japonaises du Collège de France）に寄託した。これにより東京大学史料編纂所の研究チームが、このコレクションを主題とした書籍を発行した。[7]

後者、つまりマサチューセッツ州にあるボス

『写真で見る 幕末・明治』の表紙と誌面（世界文化社刊） 2000年発行。

トン郊外のケンブリッジで見出された写真コレクションは、独特のものであった。有名な詩人ヘンリー・W・ロングフェローの息子であるチャールズ・A・ロングフェローは、一八七一年（明治四）から一八七三年の間に写真集を編纂した。ニューイングランドで最も由緒あるロングフェロー家の豊かな資産から、この写真は米国政府の内務省に譲渡されたのである。[8]

クレットマン・コレクションは工兵将校としての専門的な見方を反映している（彼が編纂した写真では、日本の橋の写真が際立つ）。これに対して、ロングフェローの写真コレクションは、日本に20ヶ月滞在した未婚かつ裕福な若い男性の視点から編纂されている。ロングフェローの写真コレクションには、長崎から北海道への享楽的な私生活を想起させる彼の繊細な筆致によって名前が書き込まれた多くの芸者の肖像や、彼と共に写った写真が含まれる。また、東京の築地居留地で彼が住んでいたと思われる日本家屋での和装姿のロングフェローも残されている。

これら二つのコレクションは、歴史家にとって特に貴重なタイムカプセルである。しかし、世界中には類似したより多くのコレクションが存在している。紙面が限られているためすべての紹介は割愛するが、特に彼らが出版を通してより広い観衆に紹介された時点で、言及されなければならない人々であることは確かである。フランスの旅行者ウーグ・クラフトによって一八八二年に日本で制作されたオリジナルの乾板ネガのコレクションが、現在は博物館になっているランスにある彼の生家に収蔵されている。[9]外交官ラファエル・バルボラーニによって一八八一年にイタリアに持ち帰られた１２００枚の日本の風景写真を含むアルバムや、一八八二年に英国人旅行者フランシス・ヘンリー・ギルマールが横浜の写真師・臼井秀三郎に依頼して制作した２００点からなる写真コレクション、あるいは、日本の肖像と景色のコレクションは一八七六年から一八七八年の間にドイツ人外交官カール・フォン・アイゼンデッヒャーによって収集された。[10]

また、将来の出版が期待される「再発見」コレクションもある。とりわけ、明治初年の日本

小田原宿（放送大学附属図書館蔵）
F・ベアト撮影。撮影年代不詳。ワーズウィックのコレクションを掲載した『写真で見る 幕末・明治』（世界文化社刊）にも収録されている写真。

で撮影され、オーストリアに戻ったウィルヘルム・ブルガーとミヒャエル・モーザーの二つのコロディオン湿板ネガコレクションは出色である。[11]

●収集

コレクションを再発見して日本の初期写真を再評価するプロセスが進む中、西洋の多くの公的機関は、ごく一部を除いてコレクションを充実させる努力を払わなかった。これはそのまま、つい最近まで日本の19世紀の写真が民間のコレクターの間を巡って来ていたことを意味する。このような個人コレクターの最初の人物は、アメリカ人学者のクラーク・ワーズウィック氏であっただろう。[12]彼は一九七六年から一九八二年までの間に古書店と競売業者から、幕末から明治期の写真を購入し、最初の重要なコレクションを形成した。コレクターと歴史家の視点からなるワーズウィック氏の熱意は、その後の先例となった展覧会である「Japan. Photographs 1854–1912」に結実した。

彼はこの展示を一九七九年から一九八〇年の

冬にかけてニューヨークの日本協会で企画し、この図録はこの分野における最初の英語文献となった。一九八〇年代、アメリカ人コレクター夫妻のヘンリー・ロジン先生とナンシー・ロジン夫人が日本の初期写真コレクションを彼らの視点から形成している間に、ドイツ人コレクターのディートマー・ジーガート氏はフェリーチェ・ベアトが日本で撮影した900点に及ぶ写真のコレクションをまとめた。一九九〇年代には、フランスのコレクターであるジョセフ・デュボア先生が、個人レベルでは最大であろう日本の初期写真コレクションを体系的に整理し始め、また、アメリカ人コレクターで学者のフレッド・シャーフ氏は、明治期の写真の収集を開始した[13]。

コレクターは常に収集に情熱的なものだが、日本の19世紀の写真に向けられたデュボア先生の情熱は、命がけともいうべきものであった。現在、日本における明治期の写真師の活動について、それ以前より遙かに正確に把握できるのは彼の熱心な収集と根気強い研究のお蔭である。デュボア先生による収集の重要性は、それがパリのギメ美術館に購入されることが二〇〇七年に正式に認められたことからも確かである。振り返ってみると、日本の初期写真を考える上で、ギメ美術館の購入は、そのコレクションが重要であることだけではなく、アメリカやヨーロッパの機関の新たなトレンドの一部と捉えることができる。

フリーア美術館&アーサー・M・サックラー・ギャラリー（ワシントンDCのスミソニアン博物館の一部）が、ロジン・コレクションを購入した最初の重要なステップとして一九九九年に作られた[14]。二〇〇三年、テキサス州ヒューストンの美術博物館で開催された展覧会「The History of Japanese Photography（日本写真史）」展は、20世紀末までの日本写真史の輪郭を世界中に広めることに貢献した。ロンドンの大英博物館、キャンベラのオーストラリア国立美術館などのいくつかの博物館が、近年では同様に明治日本の写真を収集することに関心を向けてきている。現在の日本の初期写真収集は、個人コレクターによる収集と公的機関による収集とが、均衡した状況にあるといえる。しかし、

長老
（北海道大学附属図書館北方資料室蔵）
明治10年（1877）頃。武林盛一の撮影。セイラム・ピーボディー博物館所蔵のモース・コレクションの写真を収録した『百年前の日本』にも収録されている写真。

今後一層この二者の競争は激化する可能性が高いと考えられる。

●調査

アメリカの歴史家であるジョン・T・ダワー教授が『日本写真史　一八四〇―一九四五』の英訳版を紹介したことで、一九八〇年から欧米での日本写真史研究は大幅に進展した。

西洋人の間では、写真史の研究家は日本を無視してきたし、日本を研究する歴史家は写真を無視してきた。実に多くの日本の視覚的資料が無視された…[15]。

一九八〇年代の当時は、写真史が世界的に成長し始め、ごく少数の外国人研究者が、日本の19世紀の写真を調査していた。それでも19世紀の日本写真史は次の10年まで、外国人研究者にとって実質的には未踏の領域だったといってもい い。クラーク・ワーズウィック氏やテリー・ベネット氏らのような本研究の開拓者たちは、インディペンデントの学者になる傾向にあったため、日本の初期写真研究に関する日本国外の大学や他の研究機関からのサポートは緩やかであった。転換期は一九九〇年代末に訪れた。

19世紀の日本の写真を選択する大学院生の第一世代が、二〇〇三年にライムント・フォン・スティルフリードの博士論文を完成させたオー

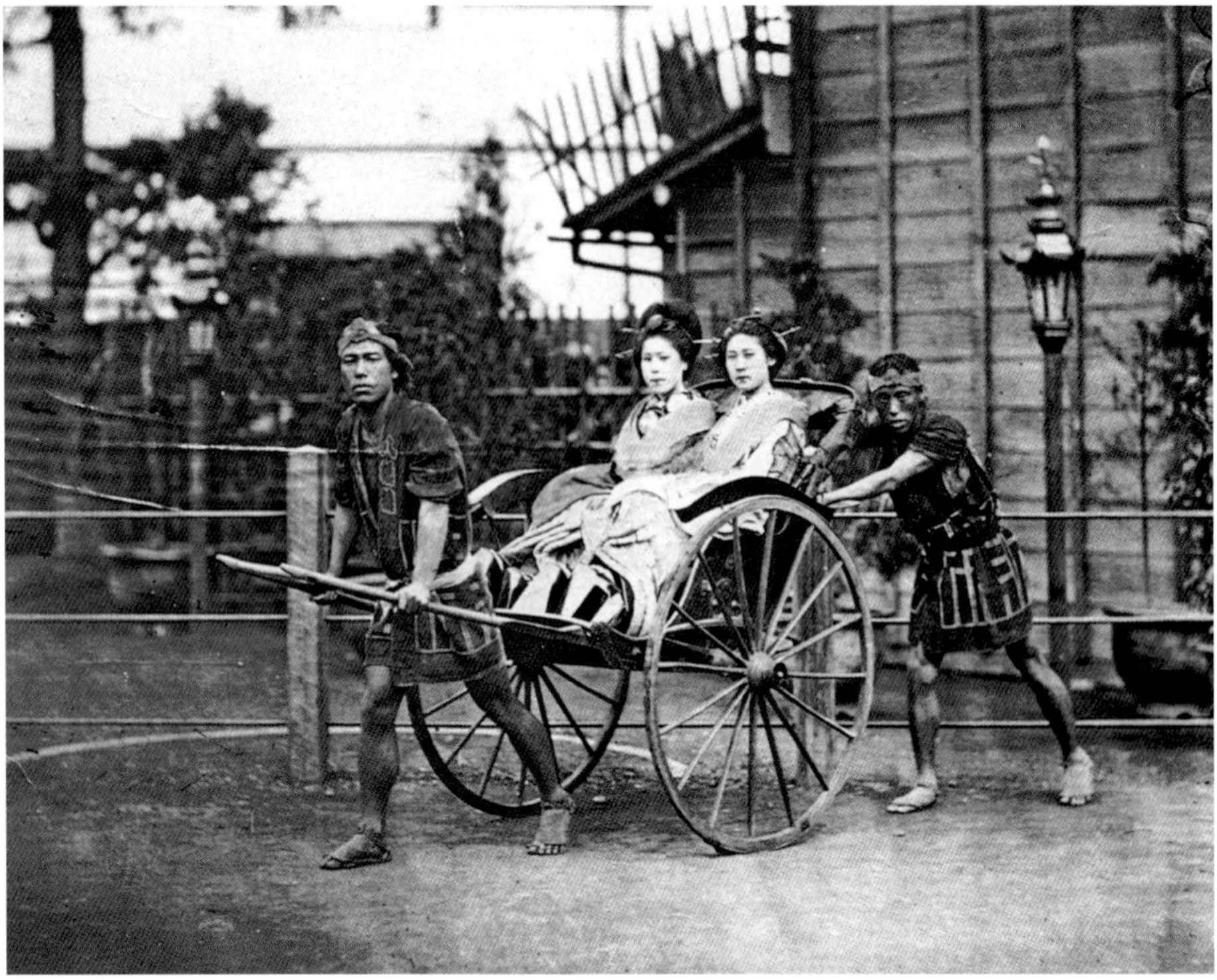

娼妓を乗せた二人乗りの人力車（国際日本文化研究センター蔵）
撮影者不詳。明治13年（1880）頃の撮影。セイラム・ピーボディー博物館所蔵のモース・コレクションの写真を収録した『百年前の日本』（小学館刊）にも収録されている写真。

ストリア人のルーク・ガートラン氏を筆頭として、その他の研究もアメリカの大学を中心に継続されている。この発展の兆候の一つは、日本の初期写真研究を主な活動テーマとする日本国外の非公式の研究コミュニティが増加している「感覚」だった。

日本国外の機関における日本関連コレクションを担当する司書の国際組織である日本資料専門家欧州協会（EAJRS）が、一九九六年九月にヴュルツブルク（ドイツ）での年次会議で日本の初期写真研究会を行った。二〇〇二年十一月には、英国のノリッジにあるセインズベリー日本藝術研究所（SISJAC）が、英国内だけでなく、日本、オーストラリア、アメリカから学者を召集して会議を主催した。これは日本の初期写真研究に関する初の国際的な会議であった。二〇〇七年十一月には、長崎大学において、初期写真研究の国際カンファレンス（「イメージのなかの国際交流」）が開催された。ここでは、ヘルマン・ムースハルト氏やルーク・ガートラン氏をはじめとする日本の初期写真研究を専門とする5ケ国の研究者が発表を行った。この会

ボルスブルックと警護の武士たち（長崎大学附属図書館蔵）
F・ベアト撮影。撮影年代不詳。外国人の右がオランダ総領事ボルスブルック。隣は一等書記官メットマン。セイラム・ピーボディー博物館所蔵のモース・コレクションの写真を収録した『百年前の日本』（小学館刊）にも収録されている写真。

議ならびに、この五年前に開催されたセインズベリー日本藝術研究所の会議で発表された内容は、長崎大学図書館発行の『古写真研究』誌上で特集された。

そして二〇〇九年五月、六人の学者の論文を掲載した日本の19世紀の写真特集が写真史研究において権威ある『ヒストリー・オブ・フォトグラフィー』誌によって組まれた。この時点になって、日本の19世紀の写真は遅ればせながら、写真史における世界的な研究領域として認知されたといえる。これは単なる一例に終わらず、ヨーロッパ写真史協会（ESHPh）が隔年で発行する『フォト・リサーチャー』誌二〇一一年四月号で日本の初期写真総特集が組まれ、日本を含む国際的な学者による論文が掲載された。

●展望

現時点で、日本の初期写真は個人コレクターと公的機関による収集対象として、あるいは市井の学者や学術研究者たちにとっても、世界的に認められている対象とは言い難い。再発見が進むにつれて、世界中に眠っている日本の19世

護衛の士官（横浜開港資料館蔵）
F・ベアト撮影。慶応３年（1867）、ベアトがオランダ総領事ボルスブルックに同行して富士登山の旅の途中の休息場所での撮影写真。セイラム・ピーボディー博物館所蔵のモース・コレクションの写真を収録した『百年前の日本』（小学館刊）にも収録されている写真。

紀の写真がますます掘り出されていくことだろう。近い将来に期待される展開のひとつとしては、19世紀に日本と関係があり、しかし、これまでほとんど手つかずだった地域（例えば、中央あるいは東ヨーロッパ、ロシアとオーストラリア）での、より多くのコレクションの発見である。しかし、研究者たちによって、すでに調査された地域でも、今後発見がないとは言い切れない。アメリカ、英国、西ヨーロッパでも、私たちが明らかにするべき多くのコレクションが眠っている可能性はあり得る。英語、フランス語、ドイツ語…いずれの言語であれ、研究者自身の自国語と同じレベルで日本語の原資料を堪能できる新世代の歴史学者たちが出現していることは、日本の写真を研究課題とする外国人の学者たちにとって励みとなる事実である。言葉の障壁が大幅に取り去られ、日本人と外国人が手をたずさえ、日本の19世紀の写真に関する最新の発見を、多くの人びとに研究成果としてもたらす、国際的な共同研究プロジェクトが発足する日もそう遠くはないだろう。

島原藩下屋敷
（放送大学附属図書館蔵）
F・ベアト撮影。撮影年代不詳。右の長屋が肥前島原藩松平家屋敷。坂上の右の木柵あたりが伊予松平藩松平家屋敷。現在は慶応義塾大学・イタリア大使館などの敷地。セイラム・ピーボディー博物館所蔵のモース・コレクションの写真を収録した『百年前の日本』（小学館刊）にも収録されている写真。

註

1　後藤和雄・松本逸也(編)『写真集　甦る幕末　ライデン大学写真コレクションより』朝日新聞社　1987年。
2　長崎大学附属図書館（編）『ボードインアルバム：外国人が見た幕末長崎（長崎大学コレクション：２）』長崎文献社　2011年。
3　小西四郎、岡　秀行『百年前の日本　セイラム・ピーボディー博物館蔵　モース・コレクション［写真編］』小学館　1983年。
4　Chantel Edel: Mukashi-Mukashi. Le Japon de Pierre Loti. Photographies par Beato et Stillfried, Paris: Arthaud, 1984 (2000年に、『Japon Fin de Siècle』という書名で再び出版された）.
5　Bernard Marbot: Objectif Cipango. Photographies anciennes du Japon, Paris: Bibliothèque nationale/ Paris Audiovisuel, 1990.
6　辻由美『若き祖父と老いた孫の物語：東京・ストラスブール・マルセイユ』（新評論　2002年）を見よう。
7　ニコラ・フィエヴェ、松崎碩子（編）『フランス士官が見た近代日本のあけぼの　ルイ・クレットマン・コレクション』アイアールディ企画　2005年。
8　チャールズ・アップルトン・ロングフェロー（山田久美子訳）『ロングフェロー日本滞在記：明治初年、アメリカ青年の見たニッポン』平凡社　2004年。
9　ウーグ・クラフト（後藤和雄編）『ボンジュール　ジャポン　－　フランス青年が活写した1882年』朝日新聞社　1998年。
10　マリサ・ディ・ルッソ、石黒敬章『大日本全国名所一覧－イタリア公使秘蔵の明治写真帖』平凡社　2001年、小山騰『ケンブリッジ大学秘蔵明治古写真　マーケーザ号の日本旅行』平凡社　2005年、ペータ・パンツァー＆スヴェン・サーラ『明治初期の日本－ドイツ外交官アイゼンデッヒャー公使の写真帖より』OAG（ドイツ東洋文化研究協会）/ IUDICIUM Verlag 2007年。
11　ウィルヘルム・ブルガーとミヒャエル・モーザーの両コレクションは現在、東京大学史料編纂所の研究チームから検査を受けている。ちなみにイタリアのヴィンチェンツァで、同大学の大学院人文社会系研究科による明治期の横浜で活躍したイタリア人写真師アドルフォ・ファサーリが撮った写真の調査も行われている。
12　小沢健志（監修）『写真で見る幕末・明治：ワーズウィックコレクション秘蔵の古写真2000枚の中から、未発表100枚を含む430枚を厳選！』世界文化社　1990年（増補・訂正版：『新版　写真で見る幕末・明治』世界文化社　2000年）。
13　シャーフ氏の写真コレクションは2004年にボストン美術館に寄贈された。
14　スミソニアン博物館のウェブサイト（http://siris-archives.si.edu）でロジン・コレクションを検索することができる。
15　Japan Photographers Association: A Century of Japanese Photography, London: Hutchinson, 1980（日本語の原版は、日本写真家協会編『日本写真史　1840-1945』平凡社　1971年）。

薩摩藩の侍たち（国際日本文化研究センター蔵）

Ｆ・ベアト撮影。撮影年代不詳。戊辰戦争の頃の薩摩藩の若い侍たち。ワーズウィックのコレクションを掲載した『写真で見る 幕末・明治』（世界文化社刊）にも収録されている写真。

風景写真を読む——江戸から東京へ

松本　健（日本写真芸術学会会員）

●「見る」写真、「読む」写真

　デジタルカメラの普及により、今では誰もが気軽に写真を残すことができるようになった。一日に全国で何回シャッターが押されているのか知る由はないが、デジタルカメラ以前の時代に比べて、その差は歴然としている。そうした写真の多くは、いわゆる「記念写真」であり、撮影者等が後に思い出として「見る」ことを目的に撮影されることが多い。一方で偶然起きた事故や事件といった緊急性の高い状況が被写体となることもある。こうした写真は、そこから真実を追求するための情報を探し出し、事件や事故を解決するための証拠資料ともなる。つまり「読む」ことを目的に撮影された写真といえる。

　しかし、写真は時間の流れのある一瞬を画像として残したものであり、単に記念写真であっても、写された瞬間から記録としての性格を持つ。時が経つにつれ、次第に撮影者の「記憶」は薄れ、いずれ失われることもあるが、写真に収められた「記録」は、写真として存在する限り変わることも失われることもない。特に震災や戦災で多くの貴重な建造物等を失った東京にあっては、過去の記録である写真は重要である。写真は時の流れとともに記録性を高めるこ

東京の町並み（新橋から愛宕山方面）
（港区立港郷土資料館蔵）
撮影者不詳。明治 23 年（1890）頃撮影。旧東海道沿いの源助町・露月町（現：新橋４・５丁目）あたりの町並みである。商家が立ち並び、江戸時代から続く町屋の姿を伝えている。画面右上の愛宕山には明治 22 年 12 月に開業した愛宕館と愛宕塔が見え、明治 23 年以後の撮影であることがわかる。

とで、そこから事実を「読む」写真へと変わっていくものである。
今に伝わる幕末・明治期の風景写真も、明治・大正・昭和・平成という時を経た現在では写された風景が変わり、失われていくにつれ、当然ながら見て楽しむ対象であることを維持しながらも、さらに当時の状況を画像として記録した証拠資料として「読む」写真となっているのである。

●風景写真から何を読むか

風景写真には、多くの情報が残されている。そこから何が読み取れるかは、読む側の経験や知識による部分が大きい。どこに視点を置くかによって、様々な可能性が考えられるが、基本的には、「場所」と「時」であろう。

アルバムに装丁された写真や台紙に貼られた写真には、撮影場所を記したタイトルや簡単なメモが付けられているものもあるが、多くは写真そのものに文字情報は付けられていない。また、付けられているタイトルを含めた情報も決して正確とは言えない場合もある。写真は歴史

図1上野公園　精養軒前
（港区立港郷土資料館蔵）
撮影者不詳。明治24年（1891）撮影。本文参照。

の流れの中のある瞬間をありのままに記録した歴史資料と位置付けられものであるが、風景写真を「資料」として利用するためには、「撮影場所」の正確な特定は必要である。また、ある瞬間をとらえたものである限り、その瞬間が「いつ」であるかの確定も不可欠である。写真師が明らかなものや歴史的な事件・災害などを撮影したものであれば、いつ撮られたものかはおおよそ明らかになるが、写真師が不明な名所・旧跡などの風景写真は特定が難しい。現在のデジタルカメラは、撮影した年月日はもちろん、秒単位までデータが残されるが、古写真にあっては、ほとんど情報は残されていないため、写真に画像として記録された建築年代の明らかな建造物等の情報を頼りに、やや幅をもって写された時を求めることになる。「場所」が確定され、「時」がある程度推定されることによって、その場所、その時期の世相を知ることも可能になってくる。

●風景写真から読み取られた事実

図1は、上野公園の風景である。左手の建物は明治八年（一八七五）創業の韻松亭で、その右手の路地の奥に翌年開業した精養軒がある。撮影年代の記録はないが、画面に特定する文字情報が写されている。右手に多くの立て札があるが、その中に「パノラマ」と「勧業義済会」の文字が読める。「パノラマ館」は明治二十三年五月七日に日本で初めてオープンした施設である。また「勧業義済会」の看板に「第三回内国勧業博覧会残品処分」の文字があるように、同会は同年四月一日から七月三十一日まで上野公園で

開催された第三回内国勧業博覧会が大量の売れ残りが出る結果となったため、その残品処分にあたった組織である。この情報から、この写真は博覧会終了後に撮影されたことがわかる。さらに、明治二十四年一月には、勧業義済会から残品処分のチラシが発行され、そこには募集を二月十日まで行うことが記されている。このことから、上野公園のこの風景は、明治二十四年の桜の時期、三月から四月に撮影されたことがほぼ特定できる。冷え込むのであろうか、人々はまだ冬支度のようである。

図2は、明治五年九月十二日の鉄道開業に先立ち行われた電信架設作業風景であり、「THE FAR EAST」一八七二年九月二日号に掲載されたものである。新橋・横浜間の電信敷設は

図2電信架設作業（大森付近？）（港区立港郷土資料館蔵）
ミヒャエル・モーザー撮影。明治5年(1872)撮影。本文参照

明治二年に電信寮によってすでに行われていたが、鉄道全面開業に先立ち明治五年五月七日から品川・横浜間で仮営業が実施され、その時点で鉄道専用の電信の必要性を知り、急遽架設している。写真中央にある立て札には「鉄道建設御用之外不可入」とあり、仮営業期間中であることがわかり、工事を指導する外国人の白い服からも暑い季節であることが推測される。七月から八月ごろに撮影されたものであろう。この時期の鉄道を写した他の写真には、電信柱は海側に立てられていることが確認できることから、この写真の奥方向が横浜になる。場所はタイトルに「NEAR YEDO」とあり、大森付近とされるが特定できない。中央に寺院と思われる大きな屋根が見え、場所を特定する情報となる可能性がある。

図3は、「浜離宮」と題されていた写真である。しかし、写された庭園の姿は浜離宮とは異なる。また、浜離宮は東京湾に面しているが、この写真の庭園は明らかに川に面している。この写真に残された情報は、①川幅が広く、河口付近である。②川の中ほどに多数の船が係留され、舳先が左を向いている。つまり左が上流である。③画面右奥の屋敷との間に支流がある。④画面左手木立の先の対岸に橋が見える、この四点である。

江戸・東京でこの大きさを持つ川は隅田川以外にはない。隅田川でこの条件に合う場所を明治初期の地図上で確認すると、新大橋と永代橋の間となり、現在では清洲橋のやや下流にあたる。船が係留されている場所はかつて中洲があったが、今は③の川とともに埋め立てられている。対岸は深川河岸で、橋は仙台堀に架かる上之橋である。そして手前の庭園は、文久二年(一八六二)の時点では津山藩結城家中屋敷の庭園であり、現在は中央区立有馬小学校となっている。撮影年代については、現段階で特定できる情報を読み取ることはできない。

一枚の風景写真には数多くの情報が写し込まれている。

対岸の橋（港区立港郷土資料館蔵）
撮影者不詳。19世紀後半撮影。左写真の左上部分を拡大したもの。本文参照。

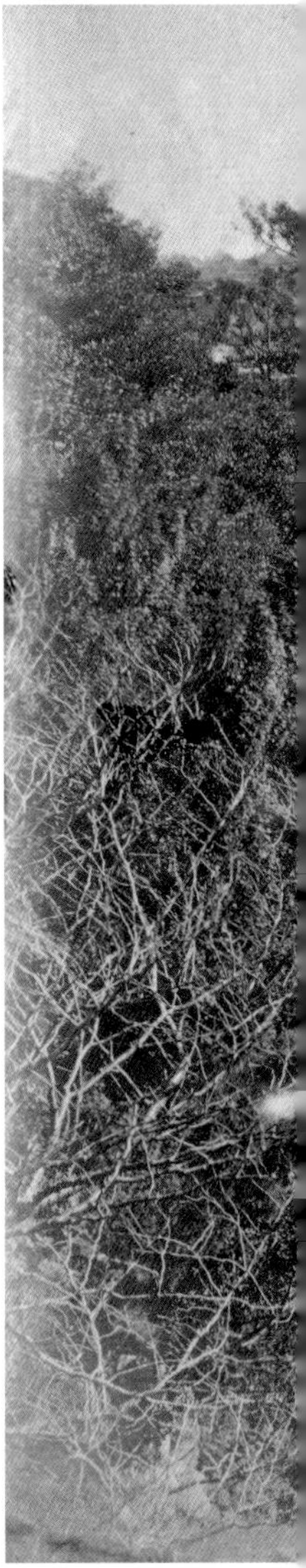

図3庭園（港区立港郷土資料館蔵）
撮影者不詳。19世紀後半撮影。本文参照。

その情報は歴史や文化の復元に重要な役割を果たす可能性を秘めているといえる。その可能性を高めていくためには、様々な専門分野による研究が不可欠である。

新橋から銀座方面（港区立港郷土資料館蔵）

撮影者不詳。明治28年（１８９５）頃撮影。銀座通りには明治15年に新橋と日本橋の間に開業した馬車鉄道が走っている。右手洋館看板に明治23年に発売が開始された「恵比寿ビール」の文字が見える。明治32年には道路左手角に帝国博品館が建てられるが、この写真にはまだない。

愛宕山からの眺望　汐留方面（港区立港郷土資料館蔵）

撮影者不詳。明治28年（1895）頃撮影。中央の道路は、越後長岡藩牧野家中屋敷跡と大和小泉藩片桐家上屋敷跡の間に明治20年代後半に開通した道路である。「田」と書かれた建物はレンガ造りのようだ。レンガ造りの建物は、明治10年に銀座煉瓦街の完成から多く造られるようになる。画面手前の看板には「HAIR DRESSER（美容院）」とある。町も西洋化がだいぶ進んでいるようだ。

芝切通（港区立港郷土資料館蔵）
撮影者不詳。慶応4年(1868)頃撮影。芝切通は、愛宕山南方の丘陵を切り開いた坂道である。崖上の小屋は「時の鐘」である。時の鐘は明治に入ると廃止され、明治5年(1872)には正午に大砲で空砲を撃つ「ドン」に代わる。写真中央の家屋前に立てられた看板には「芝切通　御印判師　宮田行元」の文字が記され、印章店であることがわかる。店の前に立つ人物は、まだ髷を結っている。

愛宕山　男坂　女坂（港区立港郷土資料館蔵）
撮影者不詳。明治13年（1880）頃撮影。標高26メートルの愛宕山上には愛宕神社（愛宕権現）が鎮座している。鳥居の先、正面が男坂、右手が女坂である。男坂は愛宕神社の表参道で、その急な石段は古くから有名である。この写真では、男坂石段中央に登攀（とうはん）用の鉄鎖が張られているのが見える。この鎖は明治10年の境内整備によって設置されたものである。右手の建物には「御家寿美所」とある。

愛宕山山頂（港区立港郷土資料館蔵）
ミヒャエル・モーザー撮影。明治4年(1871)頃撮影。『THE FAR EAST』1871年6月16日号に掲載されている写真である。画面右手が男坂で、山際に茶店が立ち並んでいるのがわかる。3人の子供たちは髷を結っているようだ。向かって右の子どもは紋付を羽織り、左の子どもの左腰には細い棒状のもの（刀？）が見える。武家の子どもであろうか。

愛宕山山頂　茶店（港区立港郷土資料館蔵）
撮影者不詳。明治9年（1876）頃撮影。画面右手中央の大きな樹木は、陸奥一関藩田村家中屋敷のイチョウである。「田村の化銀杏」とよばれていた。その手前の建物は伊予松山藩久松家上屋敷の長屋である。屋敷内の他の建物は撤去され、空地となっている。この場所には明治7年から9年まで鎮台七番大隊の屯所が置かれており、その頃の撮影と思われる。画面中央の木柱はマツを支えているように見えるが実際は手前にあり、木柱に隠れたマツの枝葉を描き加えている。

有章院霊廟　霊牌所勅額門内　鐘楼（港区立港郷土資料館蔵）
撮影者不詳。19 世紀後半撮影。門前から5段の石段を上がった勅額門の内側は平坦であり、霊牌所区画が門前より高くなっているのがわかる。勅額門を入ると正面に拝殿、左に水盤舎、右に鐘楼が置かれていた。水盤舎側から見た鐘楼である。

火消し　纏持ち（港区立港郷土資料館蔵）
スティルフリード撮影。明治５年（1872）頃撮影。腰に鳶口を差し、装束を身にまとった纏（まとい）持ちの誇らしげな姿である。写真からもその装束が厚地の生地でできていることがわかる。

勢ぞろいした第二大区の火消し（港区立港郷土資料館蔵）
スティルフリード撮影。明治５年（1872）頃撮影。６代将軍家宣（文昭院）と７代将軍家継（有章院）霊廟の建物群はその姿がよく似ている。背景の鐘楼は、84ページ上の有章院の鐘楼とは異なるため、これは文昭院霊廟の鐘楼である。纏（まとい）や半纏に「第二」、竜吐水に「第二大區」とある。明治５年４月、これまでの「町火消」の名称を「消防組」に改め、39組を編成して、これを６大区に配置した。第二大区は概ね現在の麻布・赤坂に該当する。「大区」の名称は明治14年に「消防分署」に変わる。装備が真新しいので、新調記念に撮影したものであろうか。

昌平橋（港区立港郷土資料館蔵）
左写真の左上の昌平橋方面を拡大したもの。

集積された瓦（港区立港郷土資料館蔵）
左写真の下方中央部分を拡大したもの。

お茶の水（港区立港郷土資料館蔵）
ミヒャエル・モーザー撮影。明治5年（1872）頃撮影。現在のJR御茶ノ水駅付近である。中央の川は神田川で、画面左手が下流である。船には瓦が積まれ、川岸の荷も瓦である。破損したものではなく、製品のように見える。左手斜面に屋根状の施設があり、あるいは瓦を焼く窯があるのかもしれない。下流には明治6年に洪水で流失した昌平橋が見え（明治32年再架橋）、それ以前の撮影とわかる。画面右手が現在のJR御茶ノ水駅の位置である。『THE FAR EAST』1872年10月1日号に掲載された写真である。

東禅寺　江戸湾遠望（港区立港郷土資料館蔵）

ミヒャエル・モーザー撮影。明治5年(1872)頃撮影。最初のイギリス公使館が置かれた東禅寺（現港区高輪3-16-16）の中門上から江戸湾方面を撮影したものである。まっすぐに伸びる参道の先に東海道に面した山門がある。海上には台場が見える。木戸から手前に写る3人のほかに、山門の下にも1人写っている。復刻版『THE FAR EAST』（雄山閣）1873年1月16日号に掲載された写真には、木戸近くに4人が写っており、人物の配置を変えている。

虎ノ門　工部大学校

（港区立港郷土資料館蔵）

撮影者不詳。明治10年（1877）から明治18年頃撮影。工部大学校は、明治10年に設立された日本初の工学の高等教育機関である。日向延岡藩内藤家上屋敷跡（現在は文部科学省などの場所）に置かれた。1期生の辰野金吾・片山東熊・曽根達蔵など日本の近代化に大きな貢献をした多くの人々を育てた。明治19年に東京大学工芸学部と合併し、東京帝国大学工科大学となる。写真の表札には「工部大学校」とあり、明治10年から18年までの間の撮影と分かる。

神田　有馬遠江守屋敷　東京英語学校（港区立港郷土資料館蔵）
日下部金兵衛撮影か。明治６年（1873）頃撮影。明治７年に開校した東京英語学校は、有馬遠江守屋敷（現一ツ橋２丁目・共立女子大学）を使うが、この写真では門に「東京英語学校」の看板がない。開校以前の写真と考えられる。

九段坂　常燈明台（港区立港郷土資料館蔵）

小川一真撮影。明治28年（1895）頃撮影。常燈明台は招魂社の正面常夜灯として明治4年に建設された。九段坂上から神田方面の景観である。常燈明台の右側の電柱は現在の「日本経済新聞」の前身で、明治22年1月27日に創刊された「中外商業新報」の文字が見える。常燈明台左の建物は偕行社で明治23年の竣工。遠くには明治24年竣工のニコライ堂も見える。

九段　招魂社（港区立港郷土資料館蔵）

撮影者不詳。明治11年（1878）頃撮影。明治2年、戊辰戦争終結後に官軍戦没者慰霊のために創建された招魂社（明治12年、靖国神社と改称）である。木造の鳥居は、明治6年に建立された。明治13年には鳥居の左右に警視局金灯籠が建てられるが、この写真にはない。鳥居の笠木に大分傷みが見える。明治17年には老朽化のため撤去されている。

内幸町　帝国ホテル（港区立港郷土資料館蔵）

撮影者不詳。明治28年（1895）頃撮影。帝国ホテルは明治23年11月20日に開業した。手前、人物の座る石垣は、江戸城外堀山下門跡。帝国ホテルの西（画面奥）は、明治36年に日比谷公園となるが、まだ明治32年に廃止された陸軍教導団騎兵営と思われる建物が見える。

蒸気機関車と外人（港区立港郷土資料館蔵）

新橋の町並み（港区立港郷土資料館蔵）

開業直前の新橋停車場（港区立港郷土資料館蔵）
内田九一撮影。明治５年（1872）撮影。わが国初の鉄道開業式は、当初明治５年９月９日に行なわれる予定であった。当日が悪天候のため、12日に延期された。捲（まく）れ上がった屋根板を修理している鳶（とび）の姿が見えること、菊の紋章の入った幔幕（まんまく）が強い風にはためいていること、駅舎やホームの飾り付けが終わっていることなどから、悪天候の影響の残る10日に行なわれたと考えられる。撮影日がほぼ特定できる貴重な写真である。

浅草寺　仲見世（港区立港郷土資料館蔵）

撮影者不詳。明治28年（1895）頃撮影。浅草寺仲見世の入り口である。寛永12年（1635）に家光によって建てられた「雷門」（正式には「風雷神門」）は、慶応元年（1865）に焼失し、昭和35年（1960）に再建された。仲見世は、明治18年、レンガ造りの2階建てになった。左手柱の上部にはアーク燈が付けられている。また柱には「征清師凱旋之日建之　東京馬車鉄道株式会社」とある。日清戦争の終結は明治28年であり、その頃の撮影とわかる。柱の右奥の尖塔は、明治27年建設の共栄館勧工場の時計塔である。

浅草　凌雲閣（港区立港郷土資料館蔵）

撮影者不詳。明治 30 年（1897）頃撮影。「浅草十二階」の名で親しまれた凌雲閣は、明治 23 年 10 月に落成した。8 階まで日本初のエレベーターが設置されたが、故障続きで、翌年には廃止されている。2〜8 階は各地の物産の販売所や陳列場で、11 〜 12 階が展望台であった。「御休憩所」の右、桜の木の後ろに立て札があり、「蓄音機　大人金三銭　小児金弐銭」と書かれている。蓄音器が日本に伝わったのは明治 12 年で、20 年後には国産の蓄音器が作られた。

上野公園より不忍池（放送大学附属図書館蔵）

撮影者不詳。撮影年代不詳。明治９年（1876）創業の上野精養軒の庭から不忍池を撮った写真。写真右の洋館が精養軒、その左奥中央が不忍池に浮かぶ弁天島(中之島)。

上野公園　花見（港区立港郷土資料館蔵）

撮影者不詳。明治33年（1900）頃撮影。多くの男性が帽子をかぶっている。日本での帽子の普及は、鹿鳴館が明治14年に建設された後のことで、国産帽子の製造は、明治23年、東京ハットによって開始された。家族連れと思われる姿も多く、上野公園の花見が庶民に人気の娯楽であったことがわかる。

上野公園　不忍池　弁天堂（港区立港郷土資料館蔵）

撮影者不詳。明治13年（1880）頃撮影。寛永寺開祖天海は、不忍池を琵琶湖に見立て、竹生島として弁天島（中之島）を築いた。弁天堂参道の両側にある建物は出合茶屋で、明治17年に不忍池を周回する形で競馬場ができるころにはなくなっている。弁天堂の後ろに、東京帝国大学医学部の時計塔（明治9年竣工）が見える。

不忍池（放送大学附属図書館蔵）

撮影者不詳。明治17年（1884）以前撮影。左に弁天堂があり、弁天島への参道に茶店が立ち並んでいる。明治初年に池の周りを埋め立て、その周囲1マイルが競馬場に使用されていた。天皇賞レースはここが発祥の地である。

堀田邸庭園（港区立港郷土資料館蔵）

撮影者不詳。明治18年（1885）頃撮影。旧佐倉藩主堀田家の向島別邸の庭園で「七松園」と称した。当時、東京の名園のひとつで、公開されていた。現在のアサヒビール・墨田区役所のあたりで、古くは老中水野忠成の別邸で、後、佐竹邸となり、明治初年から20年ほど堀田家が所有した。隅田川の水を引き入れた回遊式庭園で、潮の干満によって池の水位が上下し、その景観を変えた。明治33年に札幌麦酒（サッポロビール）が買収し、一部に東京工場を設立し、庭園を利用してビアホールを開業した。

幕末維新の古写真から読み解けるもの

――軍事史情報を一つの例として――

淺川道夫（軍事史学会理事・日本大学国際関係学部准教授）

●合印から情報を知る

近年の画像処理技術向上に伴い、幕末維新期に撮影された数多くの写真が、鮮明な画質で復刻されるようになったことは喜ばしい限りである。そこには個人的な記念写真として撮られたものもかなり含まれており、当時の装束や風俗を伝える直截的な史料として有用である。私自身がその中で特に注目しているのは、維新の戦乱に前後した時期に撮影された、幕府あるいは諸藩に属する兵士達の写真である。鮮明に復刻された画像からは、その所属を示す標目や合印を判別することができるほか、彼らが携行する小火器の種類を知ることができる。ここでは、文書史料の中に残る記事や図録と照合させながら、現存する写真のいくつかについて解説を試みたい。

幕末期には幕府でも諸藩でも、程度の差こそあれ軍事力の近代化（西洋化）が始まっており、これに携わる士の軍陣装束は洋服の要素を取り入れたものへと変化していった。さらに戊辰戦争を経て洋服そのものが普及するようになると、兵士達の装束も洋式化した。しかし明治三年（一八七〇）に維新政府が『陸軍徽章』を公布するまでは、統一的に制式化された軍服というものはなく、「一般ニ洋式ニ則リタルモ、

写真1　伊勢藤堂藩（津）士（個人蔵）
撮影者不詳。慶応4年（1868）頃撮影。
東征に参加した藩士を撮影したもの。

尚ホ従来ノ服装ヲ襲用セシモノ無ニ非ス。而シテ諸藩兵ハ皆肩印ト袖印トヲ以テ互ニ相区別セリ」（『山県有朋　陸軍省沿革史』）という状況だった。明治維新期に用いられた合印については、慶応四年（一八六八）に成立した「官武諸家袖印小印并旗印之写」（個人蔵）と称する写本のほか、版籍奉還後に成立した「明治二年　諸藩肩袖合印簿」（国立公文書館蔵）と題する公式図録によって知ることができる。これらの文書史料をもとに当時の兵士を撮影した写真をみると、合印からその帰属藩を明確に特定できるものがある。

写真1は、伊勢藤堂藩の藩士小林鑁好賢を写したもので、左肩に同藩の合印「丸に黒団子」を付けている。右肩に付けられているのは、朝廷から下賜された官軍の合印「錦切れ」で、「御印ハ各兵袖ニ著候事」（『復古記第十一』）冊と達せられていた。なお同人は、慶応四年閏四月の房総における

写真2 雲州母里藩士（個人蔵）
撮影者・撮影年代不詳。慶応4年（1868）頃撮影。母里藩は石高1万石の小藩で、戊辰戦争時には「無出兵」だった。

旧幕府撤兵隊との戦いで負傷し、陣没した。

写真2の兵士は、左袖に付けられた「白猪目」の合印から、雲州母里藩の兵士であることが知られる。

写真3に写っているのは、右袖に付けられた「白二筋」の合印からみて、但馬村岡藩の兵士と思われる。ちなみにこの画像では、服の合わせや剣吊の負革の向きから、人物の左右が逆に写っているのがわかる。

写真4には、江戸城中之門前に立つ三人の肥後熊本藩の兵士が写っている。同藩の合印は、左腕に付けた「白二ツ引」だった。

写真5には、左右の両肩に「白一文字」の合印を付けた土佐藩兵を示した。この兵士が左肩に付けているのは、前記した「錦切れ」であろう。

写真6に示したのは、薩摩藩の兵士である。合印は見えないが、特徴的な薩摩拵の大刀を兵児帯にたばさみ、右手に指揮杖を持っている。薩摩藩の合印については、「臂ヲ白キ切ニテ結ヒ有リ　但シ常ハ無シ」（「官武諸家袖印小印并旗印之写」）とされており、戦場に臨む時以外は無印であったと思われる。

写真４ 肥後熊本藩士（個人蔵）
横山松三郎撮影。明治４年（1871）撮影。江戸城二ノ丸から本丸へ通じる中之門前での撮影。

写真３ 但馬村岡藩士（個人蔵）
撮影者不詳。慶応４年（1868）頃撮影。「慶応四戊辰年三月於京都写清寧十八歳」の箱書きのある湿板写真である。

写真６ 薩摩藩士（個人蔵）
撮影年代不詳。黒の半マンテルに洋式のズボン姿で革靴を履いている。

写真５ 土佐藩士（個人蔵）
撮影年代不詳。服装は半マンテルにズボン姿で、ブローガンズという編上式の革靴を履く。

写真 7 長岡藩士・松井策之進と兵士
撮影者・撮影年代不詳。松井策之進は北越戦争では砲軍司令士を務める。慶応４年(1868)５月 12 日越後妙見口の戦いで戦死。右の兵士が持つ小銃はエンフィールド砲兵銃。

写真8 後装式騎銃を持つ少年
（江崎べっ甲店蔵）
上野彦馬の撮影。慶応元年（1865）頃撮影。洋装の軍服を着用し、手には後装単発式のシャープス騎銃を持っている。

●兵士たちの携行火器

次に写真から判別される、当時の携行火器について述べておきたい。幕末維新期に使用されていた主力小銃は、前装施条式のミニエー銃であったが、現存する写真に写り込んでいるのはこうしたポピュラーな小銃よりも、後装式の騎銃や回転拳銃といった新奇なものの方が多い。おそらく高価な記念写真を撮るにあたって、被写体となる人物がそれらを意識的に選択したことによるのであろう。

写真7の長岡藩兵が持つのは、前装施条式のエンフィールド砲兵銃（P1861 Enfield Artillery Musketoon）である。前出**写真5**の土佐藩兵と共に写っているのは、軽歩兵用の前装施条式エンフィールド短小銃（P1860 Enfield Short Rifle）であろう。

写真9 河津伊豆守祐邦（個人蔵）
島霞谷の撮影。慶応2年（1866）撮影。河津は文久3年（1863）、第二回遣欧使節団の副使として渡欧した人物。このポートレートは、撮影年から蟄居中のものである。

写真8に示した若い兵士が持つ銃は、後装単発式のシャープス騎銃（New Model 1856 or 1863 Sharps Carbine）である。同銃は後装式だが、可燃式の弾薬包を用い、雷帽を使った外火式の点火装置を持つという点で、性能的に前装施条銃との大きな隔たりはなかった。

また**写真9**に写った河津伊豆守祐邦が手にするのは、後装連発式のスペンサー騎銃（Spencer Repeating Carbine）である。同銃は縁打式の金属薬筒を用い、銃床内に取り付けられた弾倉に予めこの弾薬筒を装填しておけば、レバー操作によって連発させることができた。

写真10では、薩摩藩兵の両脇に控えた若い従者二人が、それぞれ前出のシャープス騎銃とバラード騎銃（Ballard Carbine）を持っている。バラード騎銃は縁打式の金属薬筒を使用する後装単発銃であ

写真 10 薩摩藩兵士（石黒敬章氏蔵）
撮影者・撮影年代不詳。両脇の従者がシャープス騎銃（右）とバラード騎銃（左）を持っているのが注目される。どちらの銃も南北戦争期のアメリカで多用された。

る。また中央の武士は輪胴式のスミス&ウェッソン拳銃（Smith & Wesson Model No.2 Army）を持っているのがわかる。

写真11の洋装の上田藩士が持つのは、ル・フォショウ拳銃（Le Faucheux Revolver）である。これはピン打式の金属薬筒を使用する輪胴式拳銃であり、幕末維新期を通じて大量に輸入されていた。

以上、幕末維新期に撮影された兵士たちの写真をいくつかピックアップして、そこから読み取れる軍事史的な情報の解説を試みた。このカテゴリーに含まれる写真は、最近日本各地で次々と発見・公表されるようになってきており、包括的な調査・分析が望まれる。この小稿がそうした動きの一端となれば幸いである。

写真 11 洋装の上田藩士（東京都写真美術館蔵）
撮影者不詳。明治元年（1868）撮影。ル・フォショウ拳銃を持つ藩士。同銃はフランス人ル・フォショウにより考案されたもので、ピン打式という独特の点火方式をもつ。

榎本軍に参加したフランス人軍事顧問（函館市中央図書館蔵）
田本研造の撮影か。明治２年（1869）撮影。幕府が招聘したフランス軍事顧問団は慶応３年（1867）に来日し、幕府陸軍の仏式伝習を指導した。慶応４年の江戸無血開城後、榎本武揚が艦隊を率いて脱走すると、これら軍事顧問のうちブリュネ砲兵大尉以下５名が行動を共にし、蝦夷地における旧幕勢力の拠点形成に参画した。ブリュネらは「事実上の政権」として扱われた榎本政権に対し、外交的・軍事的助言を行ってこれを補佐したとされている。なお明治２年の箱館戦争に際し、フランス人軍事顧問は五稜郭陥落が間近に迫った4月30日、箱館港に停泊中のフランス軍艦に保護を求め、戦線を離脱した。

蝦夷地に集合した旧幕府の脱走軍士官（函館市中央図書館蔵）

撮影者不詳。明治２年（1869）頃撮影。戊辰戦争で各地の戦いに敗れた佐幕勢力は、艦隊を率いて蝦夷地に脱走した榎本武揚らと合流し、箱館を最後の抵抗拠点とした。明治元年 12 月 15 日、箱館では士官以上の人士による入札（総数 443 票）が行われ、榎本を総裁とする「事実上の政権」が誕生した。

洋装の土方歳三

（函館市中央図書館蔵）

撮影者不詳。明治２年（1869）頃撮影。新撰組副長であった土方歳三は、戊辰戦争の勃発に伴い各地を転戦。蝦夷箱館に榎本武揚を総裁とする旧幕府勢力最後の拠点が形成されると、陸軍奉行並という役職を得てこれに加わった。かつての剣客もこの頃には、フロック型マンテルに長靴を履いてピストルを携帯する、という洋式軍装に身を固めていたことが写真からうかがえる。明治２年の箱館戦争において、土方は諸隊を率いて防戦に努めたが、5月 11 日に戦死した。

正衣姿の屯田兵少佐（北海道大学附属図書館北方資料室蔵）
撮影者不詳。明治 10 年（1877）代撮影。北海道の屯田兵は、明治７年発布の「屯田兵例則」に基づいて募集が開始された。その後、明治 37 年の廃止に至るまでの 30 年間に約４万人（7300 余戸）が入植して、37 か所の屯田兵村を作った。屯田兵は開拓と国防という二つの要素を兼ね備えた土着の兵力であり、各村は兵員たる戸主とその家族を基本単位に、厳しい軍規のもとで北海道開拓にいどんだ。写真は、明治８年制の陸軍正衣を着用した屯田兵少佐で、手にした正帽には白毛の前立が付けられている。

服装から見る幕末明治の写真

藤井裕子（東京家政大学博物館）

●はじめに

いつの時代も衣服は生活と密接な関わりを持っている。幕末～明治初期の写真に残る姿は衣服文化が変容する中にあってもなお、きものが中心と言える。大政奉還によって政治体制が変化し、明治政府によって西洋的近代に向かう中で、洋装化の流れが起きる。しかし、日本の衣服文化は劇的に変化したのではなく、男性の軍服などから徐々に取り入れられるため、明治初期に撮影された人々は、江戸時代を色濃く残す衣服なのである。

本稿では、幕末～明治初期に作成された写真を女性の衣服に注目して三つに大別し、考察したい。

①肖像写真
②人々が写り込む風景などの写真
③「横浜写真」に代表される海外への土産品として演出された写真

写真技術は開港期を中心に技術が輸入される。現存する輸入直後の肖像には、一部の大名家を除き、子女の写真を探すことは難しい。しかし、文久年間に日本人による写真館が開業し、明治の改元を迎えて以降に制作された作例には、女性の肖像写真も散見されるようになる。それでも肖像写真の依頼は、高額であると共に、

鏡に後姿を写す女

（国際日本文化研究センター蔵）

撮影者不詳。明治 10 年（1877）代の撮影。後ろ姿を鏡で確認している。腰を覆うほどのお太鼓結びは存在感があり、現在より帯幅が広いことがうかがえる。このことにより、明治初期の様式であることがわかる。

図1 竹本素行 ［安政7〜昭和13年(1860〜1938)］
撮影者不詳。明治期の撮影。本名は、市川はな。明治初期に活躍した女義太夫である。明治25年に「三福」から「素行」と芸名をあらためた。明治40年に門弟の呂行にその名をゆずり「瓢(ひさご)」と改名した。

貴重な機会であった。このため、現存するこれらの肖像写真に見られる衣服は、正装や略礼装など「ハレ」の衣服である可能性が高いと考えられる。これを前提とすれば、①からは明治初期の正装の流れを追うことができるであろう。

また、幕末〜明治初期の市街地の風景写真や建築写真には、大きさを明示する方法として、あるいはその土地の風俗を記録するために人物を入れて撮影される場合がある。

このような②からは、当時の庶民の風俗をうかがうことができる可能性が高いといえるだろう。そして、③からは、被写体ではなく写真家の意向が強く反映される。これらが国内に向けて制作されたものではなく、海外に向けて制作されたものであることから、当時の写真家が「海外に見られたかった日本人の姿」を知ることができると考えられるのである。

これらの三点から写真に写る女性の衣服と明治初期の衣服文化の変化を照らし合わせ、当時の時代や風俗を考察することを試みる。

竹本素行　肖像（図1）
女性の肖像（図2）

図1の女性は、明治時代から大正時代の三美人としてうたわれる林きむ子の生母の肖像写真である。図の衣服は、様々な点で明治初期から中期の様式をあらわしている。

明治初期から中期の女性の正装は「黒または色物の縮緬、綸子、羽二重などの素材に紋付の三枚襲ね」といわれ、その後、二枚襲ねに簡略化される。

図2女性の肖像
（長崎大学附属図書館蔵）
撮影者不詳。撮影年代不詳。明治18年（1885）に、それまでの日本髪を廃して束髪を促進するための運動である「婦人束髪会」が提唱され、日本髪より簡単で衛生的な束髪に移行した。明治後期には、束髪の前髪を膨らませボリュームを出すため、髪の中に入れる道具（ヘアロール）等が売り出されるようになった。

図1のきものの素材までを現存する写真から判断することは難しい。しかし、三ツ紋付の三枚襲ねであり、きものの「ふき」（裾に綿をつめ、ふくらみをつけた部分）の厚みもふっくりとしている。ふきには、時代の変化による変容が見受けられ、明治後期になると婚礼衣裳を除外すれば、ふきの厚みは薄くなる傾向がある。

着用方法の特徴としては、衿元を多く出し、衿を帯の位置で合わせているため、全体にゆったりとした印象を受ける。また、帯を締める位置は、明治時代から大正時代にかけて、徐々に上にあがっていく傾向にある。本図では、かなり低めの位置で締められている。これらのことから、明治初期から中期の正装姿で撮影された写真であると考えられる。

また、図2の写真は、撮影者、年代ともに未詳ではあるものの、五ツ紋の二枚襲ねの正装であると言える。また、衿のうちあわせや帯の締める位置が上昇していること、ふきの厚みが薄くなっていることなどから、明治後期の特色を見ることができる。

図1と図2の衿のうちあわせや帯位置、ふきの厚みなどを比較することにより、明治期の正装の変化を追うことが可能となる。

掘北菖蒲園（図3）

商家の女性たちの明治初期の衣服は、江戸末期の様式を踏襲し、改元による劇的な変化は見られるとはいえない。縞柄は江戸中期から好まれたもので、特に女物は流行の変遷が激しかった。また、幕末から明治時代には、縞柄が略式の正装としても着用されていた。このためであろうか、この時期の写真には縞柄のきものを着用した女性が多く見受けられる。しかし、縞柄には千筋縞《せんすじしま》、万筋縞《まんすじしま》のような細かなものも多く、写真では注意を払わないと無地に見えることも多い。図3の右の女性も、一見すると無地のきものを着用しているように見えるが、クローズアップすると縞柄であることがわかる。写真から判別することは難しいが、地の色味は藍や鼠、茶など地味な色合いが多かったようである。

　また、同じ時代の中流階級以上の階層の女性たちは、裾や褄《つま》の部分に模様をあしらった様式や、小紋のように細かな模様を好んだ。また、明治中期より「曙染《あけぼのぞめ》」といわれる、裾を染めずに模様を描き、胴から上を次第にぼかして地色に染めていく新しい様式が流行したといわれる。明治中期までは、若年層が着用する様式の振袖を除いて、黒や鼠などの地味な色合いに細かな模様や日本の伝統的な意匠が好まれたが、明治末になると西洋文化の影響や化学染料の発達により、色鮮やかで大柄な模様、西洋的なモチーフが描かれるようになる。

　上流階級の女性たちは、西洋化の流れとともに徐々に洋装へと移行する。しかし、洋装が高価であることや、きものとは異なる身体的な束縛を受けるため、衣服の文化としては定着するには、昭和時代を待つこととなる。そのため、明治後期には化学染料の華やかな様式に魅せられ、きものへ戻る女性たちが増えるのである。

●帯をつける

図4は、フェリーチェ・ベアト（一八三四〜一九〇六）によって制作された作例であり、明治元年に発行されたアルバムに収録されている。つまり、ここに写る女性は、幕末期に撮影された可能性が高いと考えられる。この上で図を見ると、幕末期の着装が浮き彫りになる。帯を締めようとしている女性は、きものの裾をひきながら帯を締めている。現在の着装方法であれば、帯を締める前におはしょりをとり、対丈で着用するのが一般的である。室内においておはしょりをとらずに裾を引く文化は、江戸時代から明治中期頃までといわれている。衿元につけられている黒繻子《くろしゅす》と思われる掛衿《かけえり》も江戸時代

亀戸天神（個人蔵）
撮影者不詳。明治 23 年（1890）頃の撮影。藤棚の下の茶屋で休む女性の姿が写されている。立っている女性の帯下には前掛けがされている。前掛けは衣服の汚れや痛みを防ぐためのもので、仕事着の一部である。また、手元には盆にのせた湯のみも写り、この女性が茶屋の娘だとわかる。また、茶屋の娘と奥に座っている女性は縞柄のきものを着ている。縞柄と言っても、縞の太さや間隔で雰囲気を大きく変えることが見てとれる。

図３堀切菖蒲園（港区立港郷土資料館蔵）
撮影者不詳。明治 33 年（1900）頃の撮影。人力車に乗っている女性の着ているきものは、クローズアップすると縞柄であることがわかる。本作は明治後期の作例であることから、長い間縞柄が好まれていたことがうかがえる。

より続く流行である。

また、この写真は撮られた後に人の手によって色を入れられた手彩色写真である。写真に施された色に関して、まず、衿に着目したい。狭い範囲ではあるものの、帯を締める女性の半衿、後ろに立つ女性の袖口から見える襦袢はピンク色で表現されている。江戸期において非常に手間のかかる紅花や紫根などに代わって、開港によってもたらされたモーヴやマゼンタなどの化学染料が幕末期から使用されるようになった。化学染料の豊かで鮮明な発色は、珍しさと簡易性から当時のきものに多く用いられ、ひとつの流行を形成することになっていく。

しかし、導入当初はこれまでの天然染料による染めの方法とは異なったため、染料の定着が容易ではなかった。このため、きものの一部に取り入られるのみであったと考えられている。本図は、まさにこの時期の様式が写されたものである。このことから、図は幕末期における最先端のおしゃれが表現されていると考えられるのである。また、それだけではなく、手彩色の写真の中には、同図に別彩色の場合なども見受けられる。海外向けである本作例は、当時の日本の流行を積極的に考慮し、一枚の原板から数種の彩色を施したバリエーションをつくり、訪日外国人に提供していたと考えられる。

●おわりに

衣服文化は、生活と密接に関わっているからこそ、流行の発祥場所や身分によって、着用される衣服には時間や社会的クラス、地域などの差などが存在する。そして、これらの初期写真の様式や撮影者、撮影場所などと絡めて考察することにより、詳細に当時の服飾文化を知ることが可能となると考える。

今後も、幕末~明治初期という時代を、垣間見ることができる写真から、衣服文化を紐解く楽しさを見出したいと思う。

図４帯をつける

（横浜開港資料館蔵）

Ｆ・ベアト撮影者。明治期の撮影。帯は丸帯が正式で、幕末から明治期に繻珍、錦、厚板、博多等の帯の需要が多かった。また繻子の腹合わせ帯も広く用いられた。本作の帯は裏生地も同一の生地であることから、丸帯であることが言える。

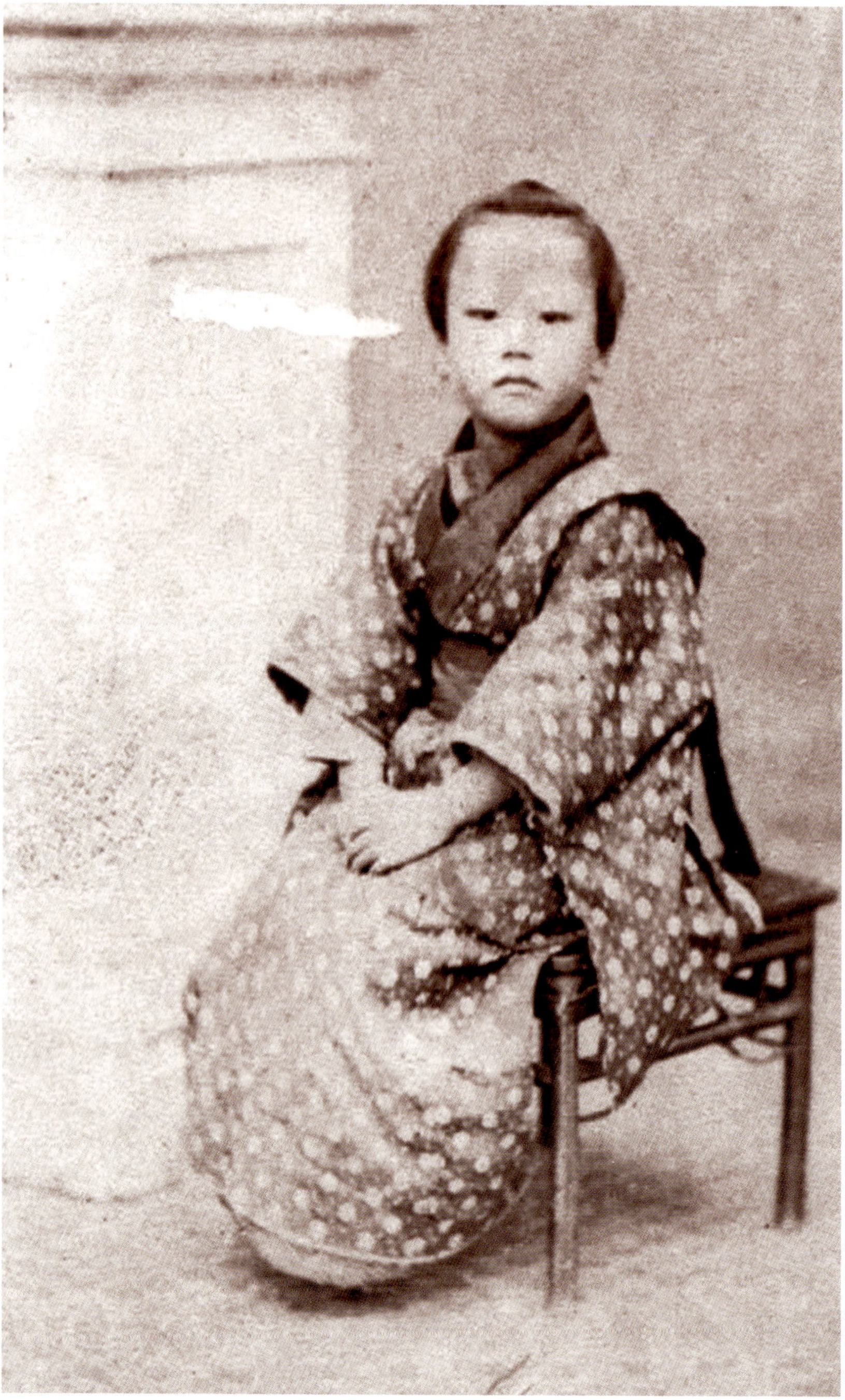

椅子に座る童女（江崎べっ甲店蔵）

上野彦馬撮影。慶応元年（1865）頃撮影。子どもは成長が速いため、サイズが調整できるようにきものは大きめに作って、縫い上げによって調整するのが一般的である。本作の童女のきものからも、肩と腰に上げが見て取れる。

若い女性の半身像（江崎べっ甲店蔵）
上野彦馬撮影。慶応２年(1866)頃撮影。本作の女性は衿元を大きく開き、ゆったりと着ている。このため、下着である襦袢の衿元が広く見えている。このような着装の仕方が流行したため、明治期には刺繍などが施された半衿（襦袢につける別布）などが流行する。

和傘をもつ女性（江崎べっ甲店蔵）
上野彦馬撮影。慶応２年（1866）頃撮影。和傘は洋傘にくらべ取り扱いが悪く重いため、明治初期には広く用いられるようになった。外国では和傘が珍しく、輸出向けの写真には１つのアイテムとして利用されたが、徐々に洋傘に移行した。

酒を注がれる男性

（江崎べっ甲店蔵）

上野彦馬撮影。慶応元年（1865）頃撮影。片脱ぎをしているため、男性がきものの下に腹掛けをしているのが見えている。また、腰には男性のおしゃれのアイテムでもあった煙草入れを手に持っている。肩には、手ぬぐいと思われる物がかかっている。また、中央の女性は、縞柄のきものをまとっており、衿と帯は黒色だと考えられる。幕末から明治にかけて、繻子地の帯と掛衿が広く使用された。本作も当時の一般的な様子を色濃く示した作例と言える。

羽子板を持った女

（国際日本文化研究センター蔵）

撮影者不詳。明治期の撮影。本作の女性は厚いふき（きものの裾の部分）のきものを着ている。裾を重くすることによって、裾が広がり歩きやすくなる。女性は外出をせず、室内で裾をひく生活をしていた江戸時代の文化を写していることが解る。

2人の女

（国際日本文化研究センター蔵）

撮影者不詳。明治期の撮影。左側の女性のきものに注目すると、帯下から裾にかけてしわが見える。これは、おはしょりをとっていないため、きものの裾が地面につかないように手で持ち上げたために現れているしわである。このことから、裾を引く文化が残っている時代の写真と言え、現在の着装方法と異なる。また、形状としては、袖丈が長いこと、ふきが厚いことが異なる点としてあげられる。

女性の集合写真（江崎べっ甲店蔵）

上野彦馬撮影。慶応元年（1865）頃撮影。縞や絣のきものを着ている女性が多い中、右から２番目の女性は褄模様の五ツ紋の正装姿である。縞柄や絣は木綿地であれば庶民の平常服であるが、絹地であれば準正装にもなった。写真からは生地の素材まで判別することは困難だが、中央の女性が華やかな髪飾りを身につけていることなどから、本作の撮影のために女性たちがおめかしをしたか、あるいは、何らかのイベントの後に本作が撮影されたと考えられる。

椅子に腰掛ける女

（個人蔵）

撮影者不詳。明治期の撮影。モノトーンの写真であるため、明確には判断できないが、本作の女性は黒色に近いほど濃度の高い衿の服を着ている。黒の掛衿に縞のきものは明治期の一般的なよそおいであった。黒の掛衿は平常着だけではなく、晴着にも用いられた。

傘をさす御高祖頭巾の女性（江崎べっ甲店蔵）
上野彦馬撮影。慶応元年（1865）頃撮影。防寒と髪の乱れを防ぐための御高祖頭巾は、明治期の近代西洋化が進むにつれ、束髪の普及とともに廃れて行く。本作のファッションは、西洋化する以前の幕末から明治期の婦人の外出姿の特色であり、本作はこの典型的な様式である。

写真屋の妻（北海道大学附属図書館北方資料室蔵）
武林盛一撮影。明治 10 年（1877）頃撮影。明治初期のまだ写真の料金が安いとは言えない時期に撮影された肖像写真としては、とてもラフな姿である。写っている女性が写真屋の妻だということから、日常着の姿が撮影されたものと考えられる。

椅子に座り傘を持つ女性（江崎べっ甲店蔵）
上野彦馬撮影。慶応元年（1865）頃撮影。本作の女性が身に着けている羽織は、もとは男性の衣服とされる。この時期の女性の羽織は、純粋に防寒の役割が主であった。

文明開化とともに花開く近代の装い

津田紀代（ポーラ文化研究所主任学芸員）

武家の奥方は眉を剃り、置き眉にしている
（個人蔵）
幕末〜明治初年の撮影。

伝統的な化粧に終止符 お歯黒、剃り眉の廃止

明治のはじめに、公卿、華族のお歯黒、掃眉（眉を剃り落とし、置き眉にする）が禁止されると、成人や結婚のしるしであった女子の風習も廃れていく。そのきっかけは、明治六年（一八七三）に皇后がお歯黒、掃眉をやめ、生来の眉と白い歯の化粧を始めたことであった。同じ頃、天皇も髷を落とし、新時代の先駆けとなった。

親日家であった初代駐日英国総領事のラザフォード・オールコックは、お歯黒、掃眉を奇異な風習ととらえた。「歯に黒いニスのようなものを塗り直して、眉毛をすっかりむしりとってしまった時には、…人工的醜さの点で、比類のないほどぬきんでている。…彼女たちは、まるで、口をあけた墓穴のようだ」と『大君の都』に厳しい感想を記している。こうした見解等が発端となって、何百年と行われてきた女性のお歯黒、掃眉は次第に廃れ、現代の化粧に通じる生来の眉と白い歯の化粧が始まった。

白粉と新登場、肉色白粉

明治二十年（一八八七）、井上馨外務大臣邸で天覧歌舞伎が催された際、勧進帳の義経役、中村福助の左足が舞台で震えて一大事件となっ

明治 24 年発売の貴功はみがきダイヤモンドの引き札
（ポーラ文化研究所蔵）
明治 30 年（1897）頃の引札（ひきふだ）でポスターの前身。

皇后の唐衣裳姿（個人蔵）
撮影者不詳。明治 6 年（1873）頃の撮影。皇后は、歯は見えないが、眉は生来の位置にあり、武家奥方の天上眉とは、確実に異なる。

た。橋本綱常博士（日赤中央病院長）によって、原因は鉛白粉による慢性鉛中毒と診断され、社会問題へと発展した。これを契機に本格的研究が行なわれ、明治三十七年（一九〇四）、伊藤胡蝶園が無鉛白粉を発売した。

白粉化粧にもうひとつ大きな変化が現われた。化粧といえば真っ白の白粉を塗ることを意味した時代に、海外から色白粉が入ってきたのである。肌色、肉色などと紹介され、国産化された。この色白粉の化粧を普及させた陰の立役者に、女優の川上貞奴もいた。パリ公演などで、本場の最新化粧法を目のあたりにして帰国し、「欧州化粧談」と題して紹介した。「日本では、白粉といえばまず白いのばかりで、桃色の水白粉はないではないが、その色も自然を離れております…西洋人の化粧は、自分の肌の生地を綺麗に見せるというのが趣意ですから、その白粉も生地に適《うつ》るように製《つく》られておるのです。…白以外に、桃色、黄色などがあります」と。

●石鹸とハイカラ美顔術と日焼《や》け対策

石鹸の研究は、幕末から行なわれ、明治五年

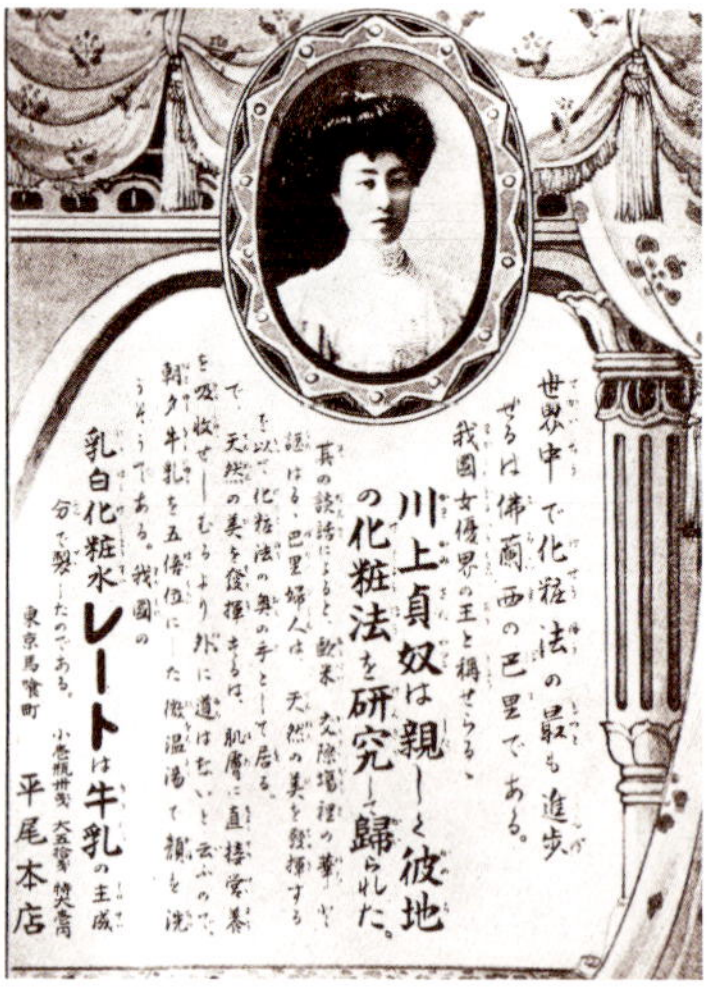

女優川上貞奴　平尾賛平商店のレート化粧品の広告（『婦人世界』）
（ポーラ文化研究所蔵）

BIJINSOAP（左）と御園無鉛白粉（右）
（ポーラ文化研究所蔵）
御園無鉛白粉は明治 37 年（1904）発売。

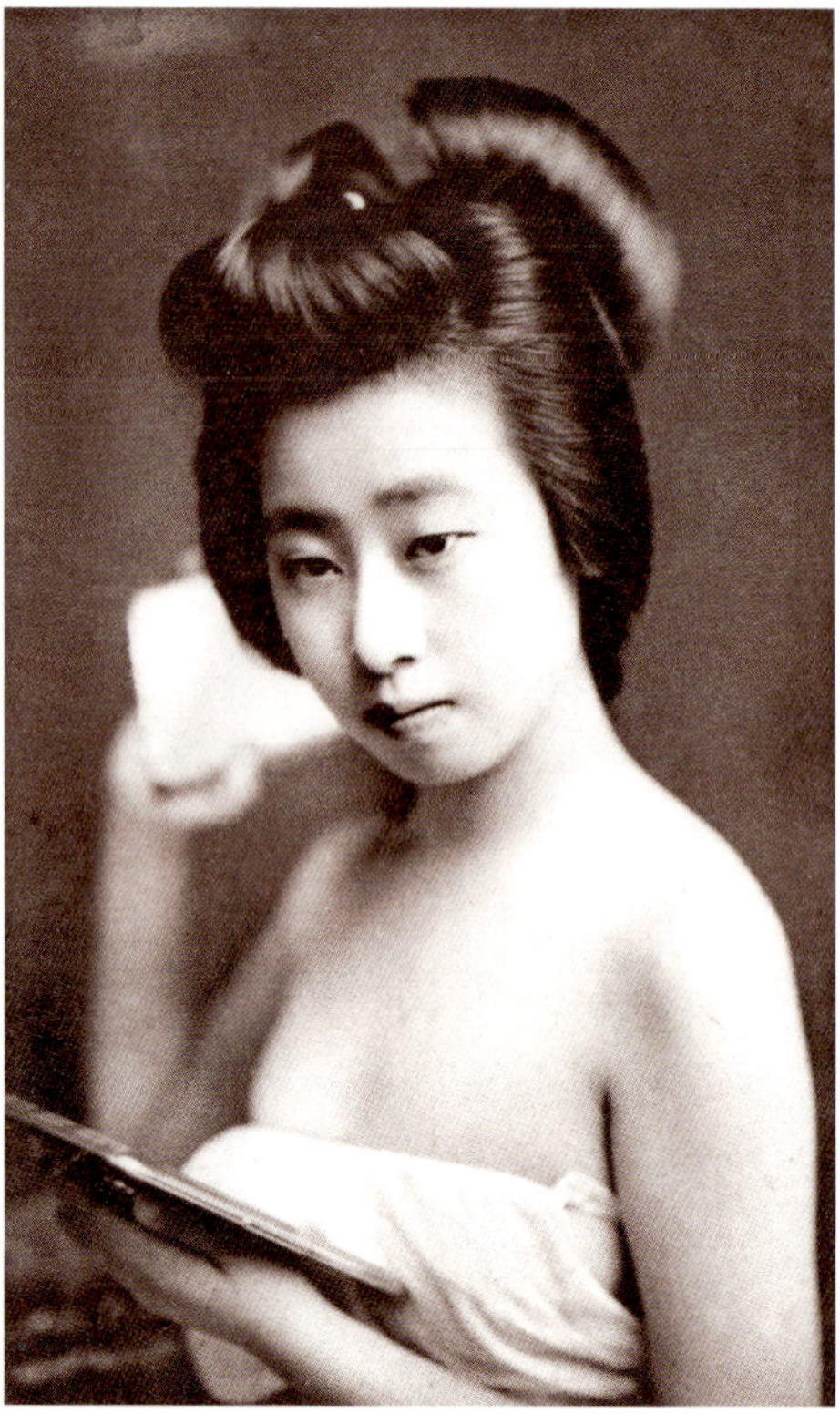

白粉化粧する明治の芸妓
（ポーラ文化研究所蔵）
絵葉書。顔だけではなく、襟足、胸まで境目がわからないように塗るのが洗練されたテクニック。

（一八七二）舎密局《せいみ》が製造開始した。「牛乳ハ内ヲ養イ、石鹸ハ外ヲ潔クスル」とあり、次いで明治七年、他社が「五色御化粧志ゃぼん」の新聞広告を出している。その後もさまざまな製造所が誕生した。背景には、コレラなどが流行して、衛生思想が叫ばれたことも影響している。しかし、女性の手入れは、顔には米糠や洗粉か、舶来の上等な石鹸、身体は石鹸というのが、一般的な考え方であった。

顔の本格的な肌手入れ法として「美顔術」が紹介されたのもこの頃である。原語のハイジェニック〝フェイシャル〟カルチャーを美貌術、美容按摩法などとも訳したが、「美顔術」が最もヒットした。一九七〇年代以降エステティックが登場するまで愛用された美容用語である。当時の新聞でも「文明開化の東京に、最新流行美顔術、猫も杓子も…も朝から晩までおめかしで、都大路を大威張、ハイカラじゃないかいな」と紹介している。

また、明治十八年に大磯に海水浴場ができ、海水浴を楽しむようになると、日焼けケアにも心を砕いた。海水浴後は、夜に卵の白身のパッ

明治に導入されたシマウマ水着の芸妓（ポーラ文化研究所蔵）

シマウマ水着の芸妓（ポーラ文化研究所蔵）

大日本束髪図解（ポーラ文化研究所蔵）
明治 18 年（1885）発売。婦人束髪会の趣旨と共に、西洋上げ巻き、下げ巻き、イギリス結び、まがれいとなどを解説。

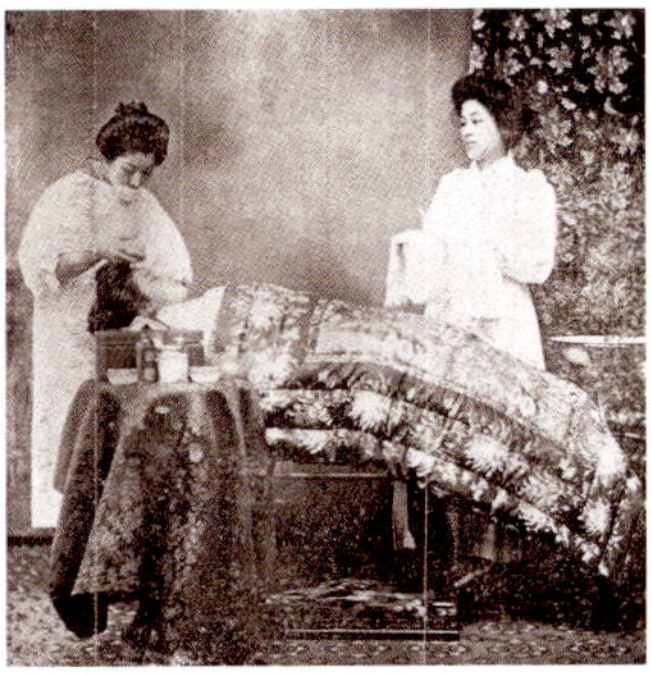

美顔術施術風景（ポーラ文化研究所蔵）
明治 40 年（1907）頃。東京美粧院。

小学唱歌之略図（ポーラ文化研究所蔵）
明治 20 年（1887）バッスルドレスに身を包み、歌う淑女。

クをすると、黒くなった顔が三日で元にもどるといった方法が勧められた。

●鹿鳴館と婦人束髪会

明治四年（一八七一）の太政官布告で男子に「散髪…、脱刀共勝手たるべし」と断髪令が出された。その影響で女子も断髪にする者が現れたが、「西洋文化諸国にも未だかつてみざる風俗」と批難の声が高かったため、東京府は、翌年女子の断髪を禁止した。

その後、明治十八年、軍医の渡邉鼎《わたなべかなえ》と記者の石川暎作《いしかわえいさく》が日本女性の経済、衛生、便宜をはかるために「婦人束髪《そくはつ》会」を発足した。この会は、島田や丸髷などの弊害をあげ、西洋風の束髪を勧め、大日本束髪図解で趣旨と髪型を紹介した。これまでなかった髪を編んで結うスタイルは、当時の人々に新鮮に映った。

同じ年に、東京女子師範学校の教員、女学生間で束髪が採用された。また、欧化政策の社交場鹿鳴館では、紳士淑女が洋装に身を包んで社交を繰り広げていた。いずれも束髪時代到来を予感させる事柄であった。

粂三まげ
幕末より明治にかけて流行した髪型。

切れ粂三
幕末より明治にかけて流行し、粂三まげと同様、年増の粋な髪として結われた。

束髪
明治18年（1885）7月頃より流行り始めた。

●日清戦争と日本髪

鹿鳴館の終焉《しゅうえん》と共に束髪は一時衰退していった。一方、日清戦争前後には国粋主義の台頭によって、「西洋の模倣はやめよ、国粋に還れ」と叫ばれ、女子の髪は束髪から日本髪へ戻った。『東京風俗志』によると、明治の女髷は、身分や年齢等で異なるが、一般的に「年ごろになれば島田、嫁ぐと丸髷を結う」とあり、明治三十四年頃の髷を挙げている。

また、束髪の経緯もみられる。それによると、束髪は、洋装と共に上流社会で盛んに結われ、軽便さから多くの人が結ったが、優美さに欠けるというので、女学生など一部にとどまることとなった。しかし、最近再び人気となり、夜会結び、イギリス巻きが流行とある。

日清戦争後は、前髪を膨らませた日本趣味を反映した束髪が完成した。膨らんだ前髪は、川

女優川上貞奴（国立国会図書館蔵）
前髪を大きく張り出した束髪。

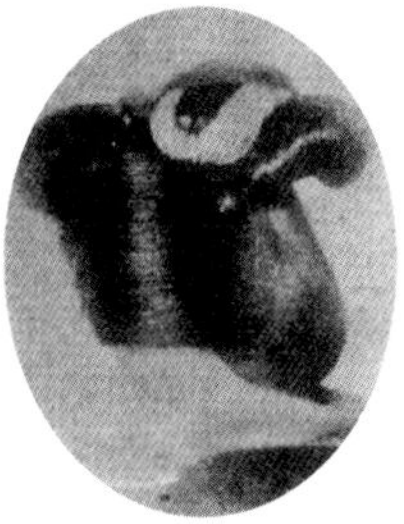

先笄（さっこう）
既婚女性によく結われた髷で、島田髷（こうがい）と笄髷の要素がブレンドされた裕福な町人の奥様好みの髪型。

割かのこ
江戸時代後期から若い二十代前半の女性に結われた髪型。

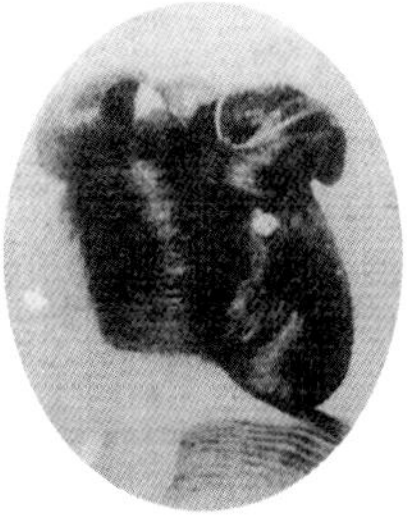

ばち形芸妓
芸妓が結った髪型。

新旧混合時代の風俗と明治年間の流行の髷

（写真は『幕末・明治 文化變遷史』所収）（ポーラ文化研究所蔵）

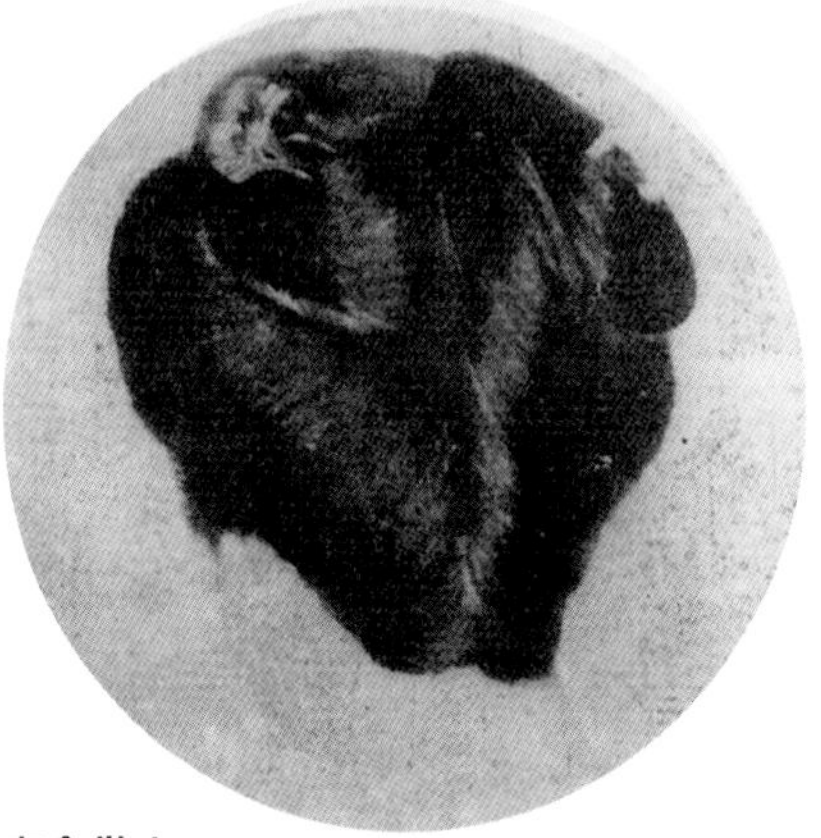

夜会巻き
束髪の一種で、鹿鳴館時代に流行した髪型。後髪の束をねじり上げて髷を作った型を基本としている。花月巻き、揚げ巻きともいう。

都おしどり
明治 10 年（1877）頃より流行した髪型。島田髷の一種で、若い女性や若妻たちに広く結われた。

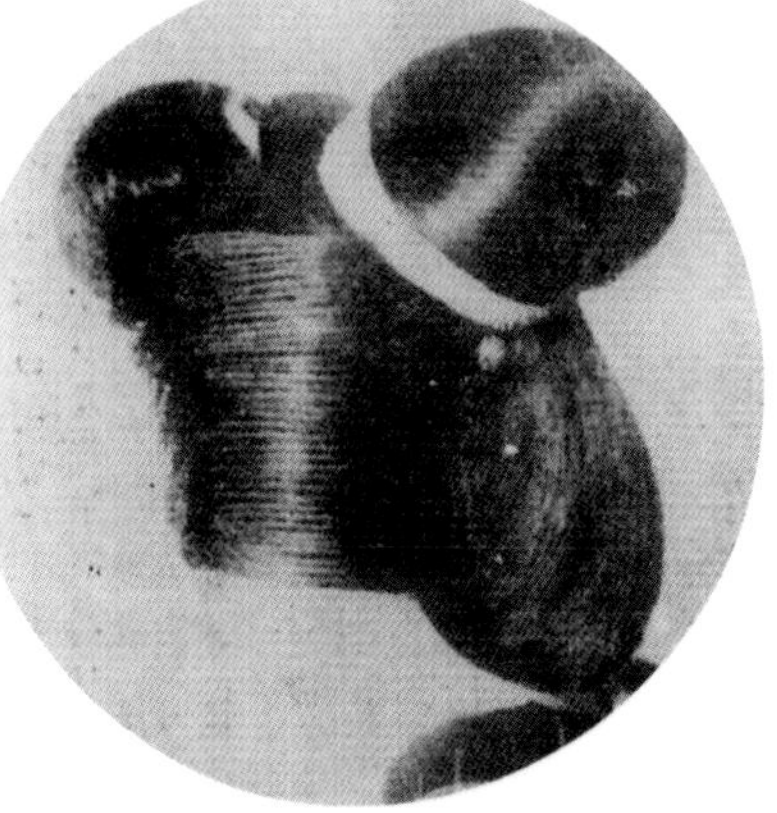

勝山
明治末期に流行した。この髪型は元禄時代に勝山という遊女が結ったのが始まりで、江戸期から明治期に好まれた「丸髷」は、この型から生まれた。

本おばこ
明治 20 年（1887）頃より流行した髪型。髪を束ねて左右に小さい輪を作り、横に笄を挿して、中央を余った髪で巻 いたもの。既婚女性に多かった。

東京名妓写真帖　明治30年（1897）

上貞奴があんこという芯を入れたことから始まったとか、下田歌子（実践女学校長）が、前髪を膨らませて下田式束髪を結い、これがいわゆる「廂髪」と呼ばれ全国に広まったなどといわれる。

二百三高地髷と元禄模様の流行

日露戦争、〈明治三十七年（一九〇四）～明治三十九年（一九〇六）〉で、日本軍が旅順（中国）の二百三高地を苦戦の結果奪取した際に、高く立てた廂髪が流行し、これを戦地の名称にちなんで二百三高地髷と呼んだ。「いやだ、いやだよ　ハイカラさんはいやだ　頭のどてっぺんにさざえの壷焼き、何て間がいいんでしょう」と歌われたのは髷がさざえをひっくり返したようだったからである。その後は、知識階層は束

二百三高地髷（『画報風俗史』所収）（ポーラ文化研究所蔵）
大阪南地の八千代ほか芸妓。

下田歌子女史（国立国会図書館蔵）

流行の髪型（ポーラ文化研究所蔵）
明治 41 年（1908）『風俗画報』所収。上右より丸髷、三ツ輪、唐人まげ、銀杏がえし、下右より島田（しまだ）、雄（おしどり）、桃割（ももわれ）、結綿（ゆいわた）。

三井呉服店元禄模様のポスター
（三越百貨店蔵）
明治 38 年（1905）市松模様の帯、兵庫髷の艶姿。日露戦争後景気に拍車をかけ、江戸の元禄模様を写した派手な柄を流行させる契機となる。

髪、下町は日本髪などといわれた。

当時は、経済的に向上したことと染色技術の進歩に伴い、着物の色や模様が段々派手になっていった。明治三十八年に三越（三井呉服店）が発表した元禄模様は、戦争に刺激された国粋的気分に合致して大流行。着物、帯、半襟、帯揚げ、下駄の鼻緒にまで元禄模様が施され、上流女性も元禄髷で茶の湯を嗜み、芸妓も元禄踊りを披露した。

明治四十年前後になると、前髪をふくらませ、三つ編みを輪にして十センチもある大きなリボンをつけた「まがれいと」や「お下げ髪」が女学生の代表的な髪として大流行した。袴にブーツ姿の女学生を海老茶式部といった。

元禄衣装姿の南地八千代（ポーラ文化研究所蔵）
元禄島田髷の冨田屋（とんだや）八千代。

元禄衣装姿の新橋栄龍（初代）（ポーラ文化研究所蔵）

元禄模様夏小袖姿の新橋栄龍（2代）（ポーラ文化研究所蔵）

元禄踊を披露する芸妓（ポーラ文化研究所蔵）

元禄衣装姿で茶の湯の稽古をする上流夫人（ポーラ文化研究所蔵）
兵庫髷の髱（たぼ）が長いのが元禄時代の特徴。

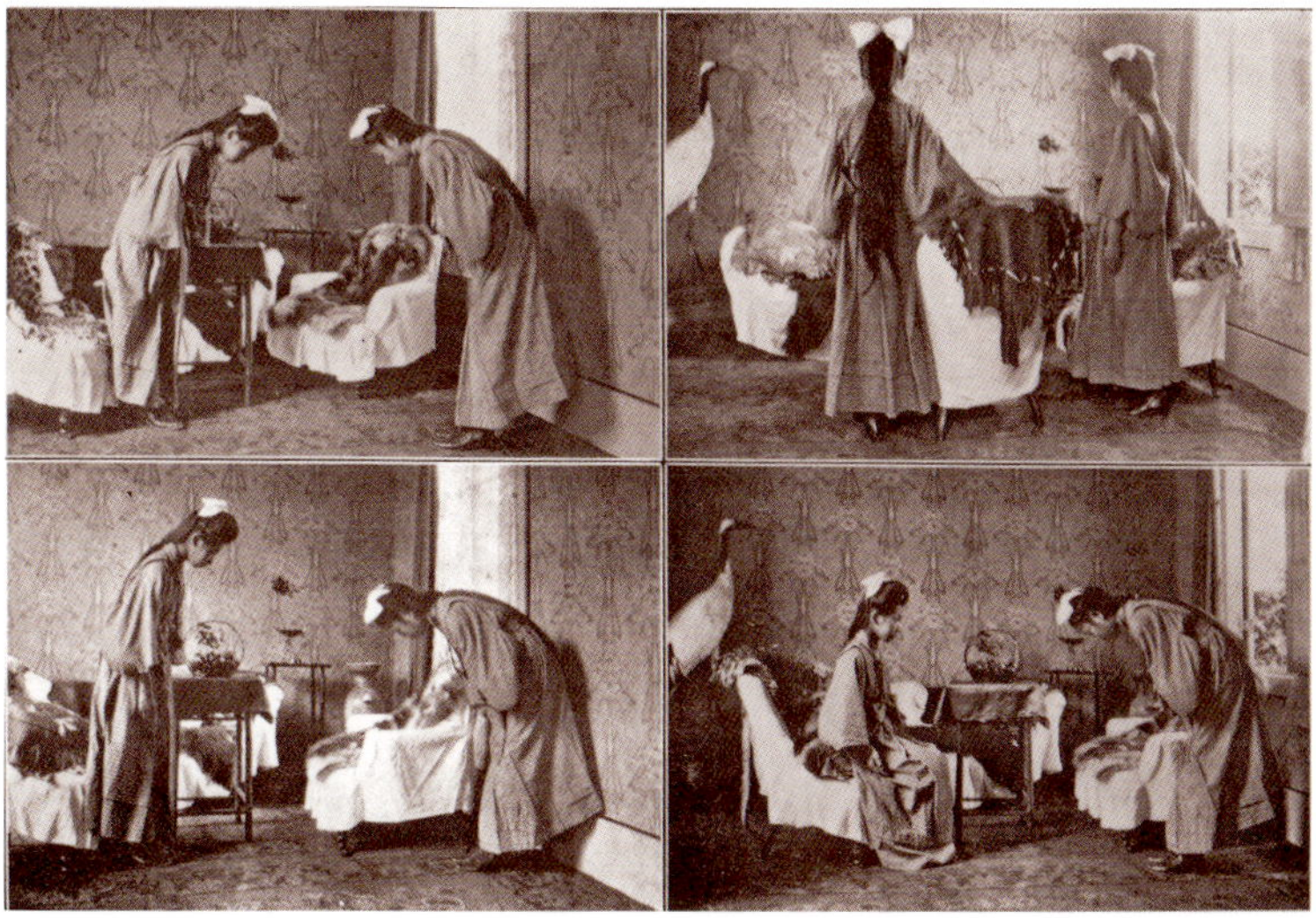

袴姿にお下げ髪の女学生（ポーラ文化研究所蔵）
明治44年（1911）『婦人礼法』所収。

髪を結う女（国際日本文化研究センター蔵）
撮影者不詳。明治期の撮影。写場（スタジオ）で、女性の髪を結う様子を撮影したもの。

髪結いの女（国際日本文化研究センター蔵）
撮影者不詳。明治期の撮影。髪結いが娘の髪を結っている様子を写場（スタジオ）で撮影したもの。

髪を結う女（国際日本文化研究センター蔵）
撮影者不詳。明治期の撮影。鏡に女性の顔が映っている。

髪を結われる娘たち（国際日本文化研究センター蔵）
撮影者不詳。明治期の撮影。縁側で髪を櫛で梳(す)かれ、髪を結ってもらう娘たち。娘たちが行っているのは手芸の一種か。

女の肖像（国際日本文化研究センター蔵）
撮影者不詳。明治期の撮影。

女の肖像（国際日本文化研究センター蔵）
撮影者不詳。明治期の撮影。

女の肖像（国際日本文化研究センター蔵）
撮影者不詳。明治期の撮影。

女の肖像（国際日本文化研究センター蔵）
撮影者不詳。明治期の撮影。

若い女性の半身像（江崎べっ甲店蔵）
上野彦馬撮影。慶応２年(1866)頃撮影。若女将風の女性の半身像。厚手の襦袢（じゅばん）を着込み、手には煙草と煙草入れを持つ。

若い女性の半身像（江崎べっ甲店蔵）
上野彦馬撮影。慶応２年(1866)頃撮影。若い女性の半身像。前髪を分けて髪飾りを付けている。襦袢（じゅばん）の柄が印象深い。

若い二人の女性のポートレート（江崎べっ甲店蔵）
上野彦馬撮影。慶応２年（1866）頃撮影。若い女性二人。彦馬の写真には全身像が多く、半身像は少ない。

女性の肖像（長崎大学附属図書館蔵）
撮影者不詳・撮影年代不詳。写場（スタジオ）で、撮影されたもの。

丸窓の女（長崎大学附属図書館蔵）
小川一真撮影。明治期の撮影。写場（スタジオ）で、撮影されたもの。

湯地家親族写真（北海道大学附属図書館北方資料室蔵）
撮影者不詳。明治 20～30 年（1887～97）頃撮影。島田髷に下唇のみに紅をさしている。

風俗と職人たち ◉幕末・明治の写真

オランダ人と日本人町人
（長崎大学附属図書館蔵）
A・F・ボードウィン撮影。慶応元年（1865）の撮影。

若き日のトーマス・グラバー
（長崎大学附属図書館蔵）
A･F･ボードイン撮影。文久３年（1863）の撮影。長崎の写場（スタジオ）で、撮影されたもの。

渡し舟（放送大学附属図書館蔵）
撮影者不詳。明治中期の撮影。江戸時代には幕府の政策もあり、大河川には橋を架けなかった。多くの川越は足で渡るか渡し船しかなかった。明治に入っても渡し船は繁盛していた。

凧（国際日本文化研究センター蔵）
撮影者不詳。明治期の撮影。「BOY WITH KITE 凧」と書かれてある。

化粧廻し姿の力士４人と行司
（国際日本文化研究センター蔵）
撮影者不詳。明治期の撮影。

仕切りをする力士
（国際日本文化研究センター蔵）
撮影者不詳。明治期の撮影。

茶店
（国際日本文化研究センター蔵）
撮影者不詳。明治期の撮影。

頭に荷物を乗せて運ぶ大原女
（国際日本文化研究センター蔵）
撮影者不詳。明治期の撮影。

托鉢の尼僧（長崎大学附属図書館蔵）
撮影年代不詳。子供の托鉢僧である。左の子供は胸に路銀と思われる袋をぶらさげている。スティルフリードのアルバムの一枚。F・ベアトの撮影ともいわれる。

篭売り（長崎大学付属図書館蔵）
撮影者不詳。明治初期の撮影。「THE FAR EAST」の明治４年（1871）９月 19 日号に掲載された写真。「笊屋 zaruiya」と題され、本文では「松の次に有用な竹材でできた雑貨を商う行商人。新年などにはよく売れる」と解説されている。

醤油売り（長崎大学附属図書館蔵）
撮影者・撮影年代不詳。「THE FAR EAST」の明治４年（1871）８月18日号に掲載された写真。「ソイ soy の行商人」と記されている。本文では「棒手ふりの行商人の売り声の単調さは、イギリスのそれと音も調子もよく似ている」と解説されている。

巡礼者。背に売物のお守り袋のついた厨子を背負う人
（国際日本文化研究センター蔵）
撮影者不詳。明治期の撮影。

駕籠かき
（北海道大学附属図書館北方資料室蔵）
撮影者不詳。明治 10 年（1877）頃撮影。

箒売り
（国際日本文化研究センター蔵）
撮影者不詳。明治期の撮影。

骨董屋（国際日本文化研究センター蔵）
撮影者不詳。明治期の撮影。

人力車をひく車夫（国際日本文化研究センター蔵）
撮影者不詳。明治期の撮影。

和船（長崎大学附属図書館蔵）
撮影者・撮影年代不詳。約400石積の弁才船。格子組みの二重垣立など、船体・艤装から江戸時代末期の弁才船の姿を知ることができる。

平田船（個人蔵）
撮影者不詳。明治期の撮影。東海道の往来の地、相模川の馬入の渡しである。渡り幅は約130メートル。渡し船は長さ約10メートル、幅約1.2メートルの平田船と呼ばれる底の浅い型の船が用いられていた。

千代田形船
撮影者・撮影年代不詳。幕府軍艦としては最初で唯一の国産蒸気砲艦である。排水量 138 トンの小型艦であるが性能は優秀であったため、明治 21 年（1888）まで現役であった。

薩摩藩軍艦春日丸
撮影者不詳。明治期の撮影。鳥羽・伏見の戦いの際、幕府軍艦開陽丸と砲撃戦を行っている。日本初の近代的海戦であった。

和船（個人蔵）
撮影者不詳。明治期の撮影。約 800 石積の上方型弁才船。

並んで停泊する和船（長崎大学附属図書館蔵）

撮影者・撮影年代不詳。上方型弁才船の姿である。二重垣立がないことや波よけの蛇腹垣を組まず苫で葺いた屋根が低く小さいことから大坂から江戸間を酒荷専門に運んだ「樽廻船」の可能性が高い。

女たちと生活◉幕末・明治の写真

煙管を持つ女性（放送大学附属図書館蔵）
スティルフリード撮影。明治初期の撮影。名刺判の写真で、箱火鉢の脇にゆったりと座っている若い女性。

食事の支度（国際日本文化研究センター蔵）
撮影者不詳。明治期の撮影。

番傘をさす女（国際日本文化研究センター蔵）
撮影者不詳。明治期の撮影。

茶店の女客と給仕女（国際日本文化研究センター蔵）
撮影者不詳。明治期の撮影。

女性（個人蔵）
堀与兵衛の撮影。慶応年間（1865～68）撮影。写真撮影が高価な時代、京都の写真師・堀与兵衛は、若い娘のモデルとお客を並べて写すことで好評を得ていた。

芸者の浴衣姿（個人蔵）
撮影者不詳。明治中期の撮影。芸者名は不詳。

島原（横浜開港資料館蔵）
撮影者・撮影年代不詳。島原は京都市下京区に位置する花街の名称で、明治時代以降は「太夫道中」などの行事が行われた。写真は「太夫道中」の行列をとらえたもので、左の太夫と生花を引く舞妓や稚児たち、建物の壁には「太夫道中」の貼紙が貼られている。

島原太夫（放送大学附属図書館蔵）
撮影者不詳。明治中期の撮影。京都、島原太夫の装いである。郭の道行きにはさらに髪飾りを多くしていた。島原に限らず遊郭の太夫は茶、花、香、書画か音曲、三弦に至るまでの諸芸に通じていた。

和傘を持つ三人の女性たち（江崎べっ甲店蔵）
上野彦馬撮影。慶応２年（1866）頃撮影。写場（スタジオ）から洋風の椅子３脚を庭先に持ち出し、屋外で撮影している。女性の持つ傘は光の調整用か。

若い女性の集合写真（江崎べっ甲店蔵）
上野彦馬撮影。慶応２年（1866）頃撮影。上野彦馬の写場（スタジオ）での撮影。袖で手を隠す女性が何人かいる。

スタジオの女性たち（江崎べっ甲店蔵）
上野彦馬撮影。慶応２年（1866）頃撮影。上野彦馬の写場（スタジオ）での撮影。被写体の４人がそれぞれ別の方を見ているのは、彦馬の人物集合写真の特徴の一つである。

和傘を持つ三人の娘たち（江崎べっ甲店蔵）
上野彦馬撮影。慶応２年（1866）頃撮影。上野彦馬の写場（スタジオ）での撮影。
写真左端に撮影時に身体を固定する道具である「首押さえ」が写っている。

野外写場の女性たち（江崎べっ甲店蔵）
上野彦馬撮影。慶応２年(1866)頃撮影。彦馬邸の玄関付近での撮影。写場（スタジオ）ではなく屋外の撮影で、採光が被写体の頭上にあったためか、顔の表情が平板となっている。

お座敷遊び（個人蔵）
撮影者不詳。明治期の撮影。写場（スタジオ）での撮影と思われる。

舞妓と三味線弾き（個人蔵）
撮影者不詳。明治期の撮影。写場（スタジオ）での撮影と思われる。

手踊り（個人蔵）
撮影者不詳。明治期の撮影。写場（スタジオ）での撮影と思われる。

芸者踊り（個人蔵）
撮影者不詳。明治期の撮影。写場（スタジオ）での撮影と思われる。

傘をさすお高祖頭巾の女（個人蔵）
撮影者不詳。明治期の撮影。写場（スタジオ）での撮影と思われる。

御高祖頭巾の女（個人蔵）
撮影者不詳。明治期の撮影。写場（スタジオ）での撮影と思われる。

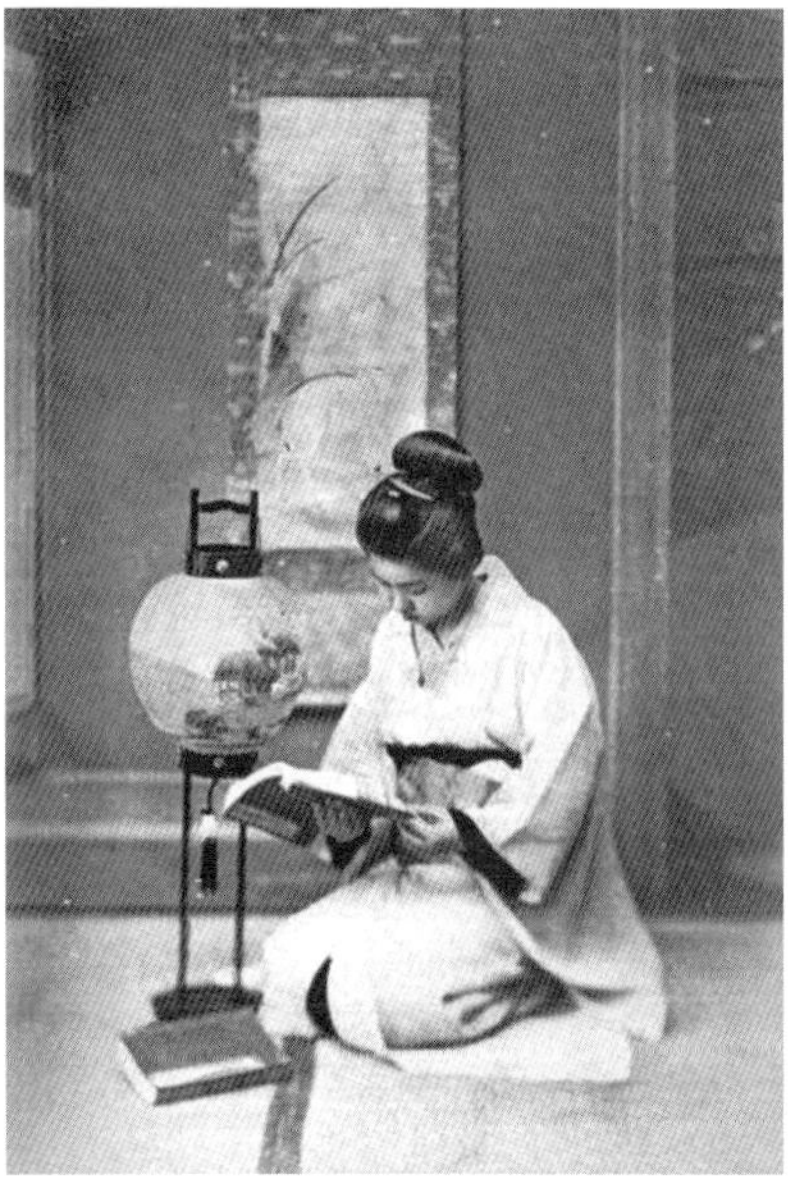

本を読む女（個人蔵）
撮影者不詳。明治期の撮影。行灯の明かりで本を読む姿を演出している。

子守りする娘と少女（個人蔵）
撮影者不詳。明治期の撮影。さしかけた傘は赤ん坊のための日除け用である。

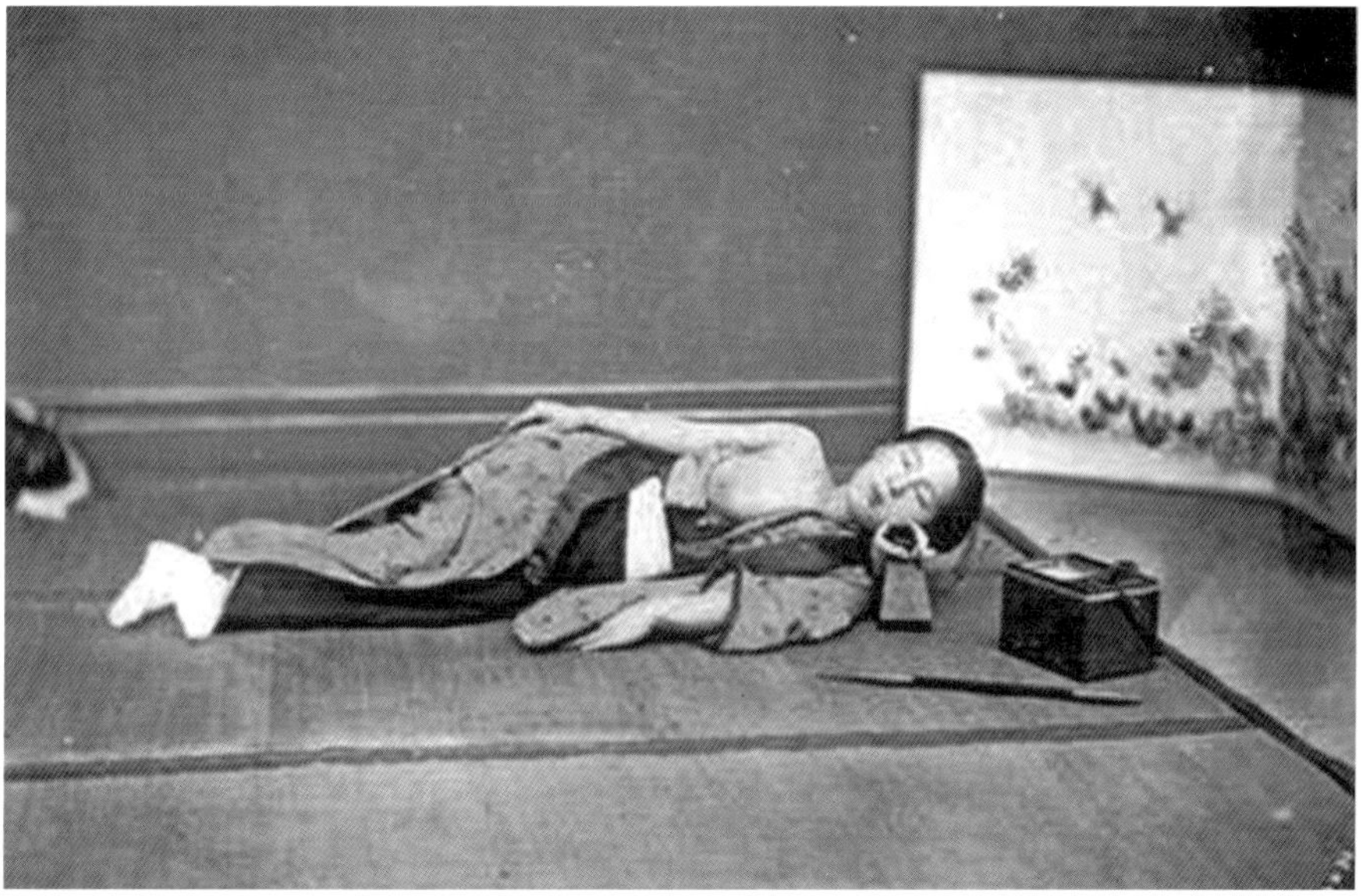

寝姿の女（国際日本文化研究センター蔵）
撮影者不詳。明治中期の撮影。写場（スタジオ）での撮影と思われる。

風呂（国際日本文化研究センター蔵）
撮影者不詳。明治中期の撮影。写場（スタジオ）での撮影と思われる。

日本各地の風景●幕末・明治の写真

松島（放送大学附属図書館蔵）
明治 30 年（1897）頃の撮影。日本三景のひとつ宮城県の松島。

日光街道（個人蔵）
撮影年代不詳。日光街道は江戸時代の五街道の一つ。写真には人力車や電線などが写っていることから明治以降の宿場の風景であろう。

中禅寺湖（個人蔵）
撮影年代不詳。中禅寺湖横の鳥居。鳥居には巴紋が付けられ、定書には馬に乗って入ることが禁止とあるが他は不明である。

中禅寺湖（個人蔵）
撮影年代不詳。明治中期頃から中禅寺湖畔には欧米各国の大使館別荘が建てられた。写真湖畔の建物もその一つであろうか。また明治 11 年（1878）に欧米の魚も放流されている。

上州大渡村（個人蔵）
撮影年代不詳。現群馬県前橋市を流れる利根川沿いの大渡町付近。大渡村には江戸時代、大渡関所が設けられ渡し場として栄えた。川に小舟を並べて繋ぎ、板を載せて橋を作った写真である。

桜田門外諸官省（国立国会図書館蔵）
撮影者不詳・明治43年（1910）頃撮影。当時この建物には大蔵省、内務省、逓信省、農林省、その他多くの、国の機関が同居していた。

帝国議会議事堂（国立国会図書館蔵）
撮影者不詳・明治43年頃（1910）撮影。国会議事堂は仮議事堂で明治23年東京市麹町内幸町（現千代田区霞ヶ関、経済産業省）に建てられたが2ヶ月後に焼失。すぐに外観を同じく再建された。大正になって再度焼失し再建された。写真は2度目に再建されたものである。

東宮御所（国立国会図書館蔵）
撮影者不詳・明治 43 年（1910）頃撮影。皇太子嘉仁親王（大正天皇）の御所の表玄関。現在は迎賓館として世界各国の要人を迎え入れている。

参謀本部（国立国会図書館蔵）
撮影者不詳・明治 43 年（1910）頃撮影。参謀本部前の有栖川銅像を入れて写している。

浅草観覧場（国立国会図書館蔵）
撮影者不詳・明治43年（1910）頃撮影。写真帖には「各種の興業場軒を列ね互ひに新を競ひ奇を衒ひ奏楽の音喧々轟々賑ふ……」と記され当時の賑わいが感じられる。写真左の建物の看板にローマ字で「TAISHOKWAN」とあるが、明治41年開業の映画常設館「大勝館」であろう。

凌雲閣遠望（国立国会図書館蔵）
撮影者不詳・明治35年（1902）頃撮影。明治23年開業の凌雲閣（りょううんかく）は12階建ての塔で、当時としては珍しい高層階の建物は浅草のシンボルであった。

浅草仲見世（国立国会図書館蔵）
撮影者不詳・明治43年（1910）頃撮影。浅草の仲見世は、浅草寺の境内や参道上の出店で、元禄、享保時代の頃がはじめだといわれる。明治18年にレンガ造りに建て替えられているが、写真左の建物にそれが伺える。

靖国神社（国立国会図書館蔵）

撮影者不詳・明治43年頃（1910）撮影。桜の花の咲き誇る春の靖国神社前であるが、馬に乗った軍人が見られるがこの頃よりますます軍国主義の道に進むのであろうか。

枕橋より浅草を見る（国立国会図書館蔵）

撮影者不詳・明治43年頃（1910）撮影。北十間川が隅田川と合流するところに架かる橋が枕橋（江戸時代には源森橋）。写真はその橋と隅田川上の小舟数隻、川向うが浅草の町。

新大橋（国立国会図書館蔵）

撮影者不詳・明治33年（1900）頃撮影。新大橋は元禄6年（1693）に隅田川に架けられた橋である。その後、破損により何度も架け替えられた。明治18年に写真のような西洋式木橋が架けられた。新大橋の西岸は現中央区日本橋浜町2・3丁目、東岸は現江東区新大橋1丁目である。

待乳山（国立国会図書館蔵）

撮影者不詳・明治43年（1910）頃撮影。写真の樹木の生えたところは、隅田川沿いにある待乳山で、浅草寺の子院待乳山聖天（正式名待乳山本龍院）が歓喜天を本尊として祀られている。

日報社（『日本の東京』所収）

撮影者・撮影年月日不詳。明治6年（1873）ウォートルス設計により完成。明治44年に取り壊される。

警視庁（『日本の東京』所収）

撮影者・撮影年月日不詳。福岡常次郎の設計。大正12年（1923）に焼失する。

三井銀行（『日本の東京』所収）

撮影者・撮影年月日不詳。明治35年（1902）、横河民輔の設計により完成。

白木屋（『日本の東京』所収）

撮影者・撮影年月日不詳。明治44年（1911）伊藤吉太郎設計により完成。

東京府庁（『日本の東京』所収）
撮影者・撮影年代不詳。明治 27 年（1894）妻木頼黄の設計で完成。

鹿鳴館（『日本の東京』所収）
撮影者不詳・明治期の撮影。コンドルの設計。明治 16 年（1883）に完成する。

第一国立銀行（『日本の東京』所収）
撮影者不詳・明治期の撮影。清水喜助の設計。明治 5 年（1872）に完成する。同 30 年に取り壊す。

参謀本部（『日本の東京』所収）
撮影者・撮影年代不詳。明治 14 年（1881）6 月カペレーチ設計により完成。

竹橋陣営（『日本の東京』所収）
撮影者・撮影年代不詳。俗名竹橋陣営は近衛歩兵の兵舎である。

松江藩の門（個人蔵）
撮影年代不詳。

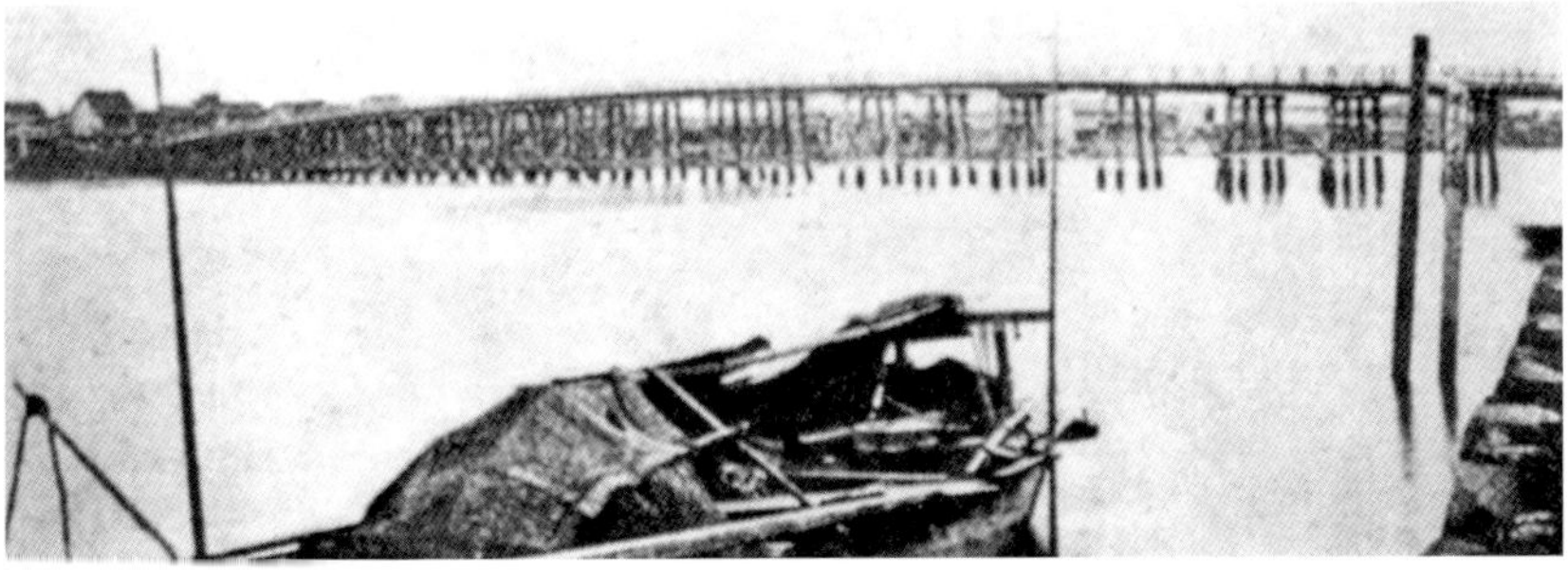

千住大橋（個人蔵）
撮影年代不詳。

帝国ホテル（『日本の東京』所収）
撮影年代不詳。

遊就館（『日本の東京』所収）
撮影者不詳・明治 14 年（1881）撮影。カペレーチの設計。大正 12 年（1923）に焼失する。

学習院（『日本の東京』所収）
撮影者・撮影年代不詳。明治 10 年(1877)完成。

川崎大師の鐘楼（放送大学附属図書館蔵）

明治20年（1887）頃の撮影。石垣は関東大震災でも壊れることはなかった。今も暮れの大晦日を合図に鐘楼の鐘が鳴り響き、厄除け大師として多くの参拝者を集めている。

八幡宮三の鳥居（放送大学附属図書館蔵）
明治 10 年（1877）頃の撮影。鎌倉の鶴岡八幡宮本殿を背に境内の源氏池に架けられた赤橋（太鼓橋）と三の鳥居を写した写真である。赤橋の上に２人の人物が見られるが現在は通行禁止となっている。

鎌倉（個人蔵）
撮影年代不詳。写真には鎌倉鶴岡八幡宮参道に立っている子供たちが写されている。

宮ノ下富士屋ホテル（放送大学附属図書館蔵）

明治30年（1897）頃の撮影。明治11年（1878）創業の箱根宮ノ下温泉富士屋ホテルは和洋折衷の豪華ホテルで明治26年からは外国人専用のホテルであった。各階の窓には宿泊の西洋人と日本人従業員と思われる人物が多数写っている。

MIYANOSHITA 63

宮ノ下富士屋ホテル玄関（放送大学附属図書館蔵）

明治 30 年（1897）頃撮影。富士屋ホテルは明治 16 年の火事により焼失していたが、写真は明治 26 年に再建された本館前である。和洋折衷の豪華ホテルであったが、山道のためにお客は籠に乗って訪れた。

宮ノ下富士屋ホテル遠望（個人蔵）

撮影年代不詳。写真左中央の2階建ての洋館が富士屋ホテル。右下にも洋館が建ち始めているが，街道沿いの民家は日本家屋のままである。

箱根街道（個人蔵）
撮影年代不詳。箱根街道の杉並木を6丁の駕籠の行列が通っている。駕籠のなかに洋装の婦人の姿が見られる。

熱海（個人蔵）
撮影年代不詳。写真には平屋か2階建ての建物が多く見られるが、のどかな時代の熱海の風景が写されている。

狩野川（個人蔵）
撮影年代不詳。静岡県の伊豆半島を流れる狩野川水域の旧大仁町（伊豆の国市）に架かる橋。

木賀温泉（放送大学附属図書館蔵）

撮影年代不詳。明治10年（1877）頃の撮影。木賀温泉は箱根七湯の一つで、湯本・塔ノ沢・堂ヶ島・宮の下・底倉・芦の湯などがある。写真の早川の流れと藁葺き屋根に憧れを覚える。

大垣城（国際日本文化研究センター蔵）
明治 29 年（1896）9月 12 日撮影。美濃平野の中央に築かれている大垣城が、明治 29 年の7月と9月に大洪水で石垣まで浸水した。写真は2度目の9月の洪水を9月 12 日午前に撮影したものである。今も城の石垣にはこの時の「大洪水点」が刻まれている。

伊勢神宮（放送大学附属図書館蔵）
明治 22 年（1889）の撮影。三重県伊勢市にある伊勢神宮の正式名称は「神宮」である。神宮では内宮と外宮の両宮を 20 年ごとに造り替える、式年造営の制度が 1300 年以上続いている。

三条大橋（国際日本文化研究センター蔵）
撮影者不詳。明治期の撮影。京都市の鴨川に架かる三条大橋は、江戸時代は東海道に繋がり、洪水などで流された場合は、幕府直轄で架け替えられていた。写真の橋は明治14年（1881）に架けかえられたものである。

方広寺（国際日本文化研究センター蔵）
明治期の撮影。

清水寺門前（国際日本文化研究センター蔵）

撮影者不詳。明治期の撮影。写真に写る三重塔は明治末期まで仁王門の左手前に建っていた。現在は本堂の南、錦雲渓を隔てた丘の上に移築された。

渡月橋（大日本スクリーン製造株式会社　代表取締役会長　石田明氏蔵）

撮影者・撮影年代不詳。京都市の桂川左岸と、中州である中ノ島公園の間に架かる橋。渡月橋の名の由来は、亀山上皇が橋の上空を移動する月を眺め「くまなき月の渡るに似る」と言ったことからといわれる。写真の頃はすべて木製で架けられている。全面に見える山が嵐山で、中腹に見える伽藍は法輪寺である。

伏見稲荷大社（横浜開港資料館蔵）
撮影者・撮影年代不詳。伏見稲荷大社は京都市伏見区にある神社。稲荷山の麓に本殿があり、稲荷山全体が神域となっている。

京都駅（個人蔵）
撮影者・撮影年代不詳。

大阪の町（個人蔵）
明治期の撮影。

大阪大黒橋（個人蔵）
明治期の撮影。道頓堀川に架かる大黒橋。写真での橋脚は木製であるが、昭和5年（1930）に鉄筋コンクリートに架け替えられている。

法隆寺（国立国会図書館蔵）
小川一真撮影。明治43年（1910）頃撮影。写真が写された当時の法隆寺の屋根の瓦は、傷んでいるようにみえる。

神戸ゴルフ倶楽部（放送大学附属図書館蔵）
明治末年頃の撮影。神戸ゴルフ倶楽部はわが国最古のゴルフ場で、明治 34 年（1901）イギリス人貿易商Ａ．Ｈ．グルームによって４ホールのゴルフコースが造られたのがはじめである。当時六甲山には外国人の別荘が多く、写真の人物たちも別荘を訪れゴルフを楽しんだのであろう。日本の少年がキャディーとして同行している。

兵庫の大仏（長崎大学附属図書館蔵）
日下部金兵衛撮影。撮影年代未詳。兵庫の豪商・南条荘兵衛が、明治 22 年 (1889)、能福寺境内に寄進・建立。昭和 19 年（1944）第２次世界大戦の金属回収令で国に供出されたが、現在、顔などは違っているが再建されている。

神戸港（個人蔵）
撮影年代不詳。写真の右下には洋館が建ち始めている。

有馬温泉（個人蔵）
撮影年代不詳。兵庫県神戸市北区にある古代より有名な温泉地であるが、まだ電線が見当たらないのでランプの灯火で入浴したのであろう。

尾道（国立国会図書館蔵）
小川一真の撮影。明治43年（1910）撮影。写真左が向島、中央の水面が瀬戸内海の尾道水道、右手が尾道市内。明治に入り山陽鉄道が開通し、海運・陸運ともに発展していった。

錦帯橋（国立国会図書館蔵）
小川一真の撮影。明治43年（1910）撮影。

高松栗林公園（国立国会図書館蔵）
明治33年（1900）頃撮影。香川県高松市にある大名庭園の栗林（りつりん）公園は、明治8年に県立公園になり一般公開された。

出雲玉造温泉（国立国会図書館蔵）
明治33年（1900）頃撮影。島根県松江市玉湯町にある温泉。写真は玉湯川沿いの温泉宿。

出雲清水寺（国立国会図書館蔵）
明治33年(1900)頃撮影。島根県安芸市にある。写真左中央に安政6年（1859）に建立された三重塔が見える。

琴平町高燈籠（国立国会図書館蔵）
明治33年（1900）頃撮影。写真左の高燈籠は万延元年（1860）に瀬戸内海の指標として造られた。

讃岐の鞘橋（国立国会図書館蔵）
明治33年（1900）頃撮影。金倉川に架かる鞘橋は、形が刀の鞘に似ていることから付いた名らしい。

道後温泉（国立国会図書館蔵）
明治 33 年（1900）頃撮影。愛媛県松山市にある道後温泉。

佐賀地方裁判所（国立国会図書館蔵）
明治 33 年（1900）頃撮影。明治時代の大都市の地方裁判所は洋風建築が多かったが、地方の地方裁判所は和風建築で建てられることが多かった。

長崎丸山寄合町（国立国会図書館蔵）
明治33年（1900）頃撮影。寛永末期頃の集娼制度により長崎の丸山に遊女屋が集められていた。写真の建物は立派な3階建てで、夜の賑わいが感じられる。

阿蘇（国立国会図書館蔵）
明治 33 年（1900）頃撮影。

沖縄那覇市街（国立国会図書館蔵）
明治 33 年（1900）頃撮影。

沖縄那覇市遊郭
（国立国会図書館蔵）
明治 33 年（1900）頃撮影。

屋外での集合写真（江崎べっ甲店蔵）

セバスティアン・ドブソン
1965年イギリス生まれ。古写真研究家。ダラム大学卒業後、ケンブリッジ大学大学院で日露戦争を研究。旧文部省研究生として来日、7年間日本に滞在。著書に『プロイセン・ドイツが観た幕末日本』、ドイツ東洋文化研究協会（OAG）出版、2011年発行、ほか多数。

津田紀代（つだ　のりよ）
昭和26年（1951）生まれ。ポーラ文化研究所主任学芸員。長年に渡り、日本、欧米の化粧文化の比較研究を行う。執筆のほか、化粧文化関連の展覧会を企画。編著書に『華やぐ女たち』ポーラ文化研究所、2003年、『輝きはじめた女たち』2007年、『あそぶかたち』2005年。『幕末明治美人帖』新人物往来社、2009年。『日本の化粧』世界文化社、1989年、『世界の櫛』1996年。

藤井裕子（ふじい　ゆうこ）
昭和58年（1983）生まれ。東京家政大学博物館学芸員。共立女子大学大学院家政学研究科博士前期課程修了。主要な研究テーマは近世、近代の日本の服飾文化史。2013年「よそおうー江戸後期から昭和初期のきものを中心にー」等の展覧会を手がける。

松本　健（まつもと　たけし）
昭和28年（1953）、東京生まれ。元港区立港郷土資料館学芸員。慶應義塾大学大学院文学研究科修士課程修了（日本考古学）。古写真における研究テーマは、古写真の撮影地点検証。主な論考は「フェリックス・ベアト撮影『高輪・薩摩屋敷』への疑問－幕末写真の撮影地点についての一考察－」（港区立港郷土資料館研究紀要４：1997）

監　修

小沢健志（おざわ　たけし）
大正14年(1925)生まれ。東京国立文化財研究所技官、九州産業大学大学院教授などを経て現在、日本写真協会名誉顧問、日本写真芸術学会名誉会長。東京都歴史文化財団理事1990年に日本写真協会賞功労賞を受賞。著書に『日本の写真史』ニッコールクラブ、1986年。『幕末・写真の時代』筑摩書房、1994年。『幕末・明治の写真』筑摩書房、1997年。『写真で見る幕末・明治』世界文化社、2000年、『写真明治の戦争』筑摩書房、2001年。

著　者

三井圭司（みつい　けいし）
昭和45年（1970）、東京都生まれ。東京都写真美術館学芸員。日本大学博士課程満期退学。主要な研究テーマは19世紀写真史。主著は『写真の歴史入門—第1部「誕生」新たな視覚のはじまり－』新潮社、2005年。2007年より全国の初期写真調査を元にするシリーズ展「夜明けまえ知られざる日本写真開拓史」を担当。「東北・北海道編」2013年。

淺川道夫（あさかわ　みちお）
昭和35年（1960）、東京都生まれ。日本大学国際関係学部准教授。学術博士。幕末〜明治期の日本軍事史研究を専攻し、軍事史学会の理事を務める。主な著書に『お台場—設計・構造・機能ー』錦正社、2009年、『江戸湾海防史』錦正社、2010年、『明治維新と陸軍創設』錦正社、2013年。映画『隠し剣　鬼の爪』松竹、2004年、テレビドラマ『駆け抜けた蒼龍』日本テレビ、2006年、『龍馬伝』NHK、2010年、『白虎隊』テレビ東京、2013年等の軍事考証を行う。

レンズが撮《と》らえた　150年前《ねんまえ》の日本《にほん》

2013年8月30日　第1版第1刷発行　2013年11月10日　第1版第3刷発行

監　修　小沢健志《おざわたけし》

発行者　野澤伸平

発行所　株式会社　山川出版社

〒101-0047　東京都千代田区内神田 1-13-13

電話　03(3293)8131（営業）　03(3293)1802（編集）

http://www.yamakawa.co.jp/

振替　00120-9-43993

企画・編集　山川図書出版株式会社

印刷所　半七写真印刷工業株式会社

製本所　株式会社　ブロケード

デザイン　有限会社　グラフ

　ISBN978-4-634-15047-8